一雙
為你而走
的腳

一位宣教士生命更新改變的歷程

謝麗娟————著

SIM 中華基督教國際事工差會

目錄

序言及感謝

　　今年六月，我開始讀一本有關宣教士回國重新適應的書，裡面提到保羅和巴拿巴完成第一次的宣教旅程後回到安提阿教會，「到了那裡，聚集了會眾，就述說神藉他們所行的一切事，並神怎樣為外邦人開了信道的門。」（徒 14:27）作者一再地強調教會需要讓宣教士有機會述說在宣教工場時發生在他身上的一切，我才發現我好像還沒有做完過去二十多年宣教生涯所有的匯報（debriefing）。

　　從 2021 年起，中華基督教國際事工差會（SIM）的前理事長許長老和現任理事長郭長老就一直希望我把自己的一些宣教經歷寫成書，但是我當時的身心靈都還很疲憊，沒有準備好寫書。最近，當我在看這本宣教士回國重新適應的書時，覺得神一直在催促我要把祂在我生命中的工作寫成自傳。所以就從今年六月底開始提筆，在二個星期內就寫完了，因為編輯希望不要超過六萬字，而神也自己給我靈感把一些我不斷在講道時分享的見證寫下來。一邊寫的過程，神就幫助我想起我過去的許多罪和過錯，以及神如何幫助我走過來，祂也讓我想起已經遺忘的許多事，並進

一步幫助我用祂的眼光來詮釋那些發生在我身上的事，重新看見神那看不見卻掌權的手如何運籌帷幄，來完成祂的計畫。寫自傳的過程就像是我在對神匯報，也接受神的諮商。讓我更清楚地了解自己的罪與問題、神的憐憫與恩典，以及在神無條件的愛裡有平安與確據。感謝神對我的憐憫及慈愛，讓這本自傳成為神今天還活著也還在人心中大能工作的見證，因為若非如此，我早就陣亡或棄甲歸鄉了！求神使用這本自傳祝福許多人，激勵人願意更深地把主權交給神，喜樂地與神同行並服事神，甚至願意獻身宣教，讓神能得著榮耀！

在此要感謝我的差派教會石牌信友堂（我的母會）和其他許多支持我們的教會及弟兄姊妹，在過去二十六年中不斷地關心、支持及代禱，沒有你們的陪伴及代禱，我不可能活到到今天，也不可能經歷神的拆毀及重建，和祂所應許的自由和豐盛的生命。我也要感謝 SIM 台灣、東亞區、印度東北辦事處、國際辦公室、我們待過的工場的領袖們的支持、包容、幫助及引導，使我能在各個工場完成神所要我做的事工，也能在神的時間轉換到祂要我們去的工場。我也要謝謝華才的宗派讓我有機會在他們當中服事。感謝我的母會已故的諸牧師及我屬靈的母親諸師母，因著他們對我的信任，願意「盲目的」（因為無法在一開始就看見神對我一生的計畫）支持我，接納我隨著神的呼召不斷地換國家，我才能有書中所寫的經歷。感謝 SIM 台灣區理事會對 SIM 印度東北宣教士補助計畫的大力協助，我們才可能繼續在 SIM 印度東北辦事處成為許多印度東北宣教士的管道，讓他們去到神要他們去

的地方宣教。我也非常感謝華才的家人對我的愛及接納，最後要感謝我的先生華才及兒子頌恩，謝謝他們對我無條件的愛，包容及鼓勵，讓我可以走到今天，且能回到台灣繼續服事神！願神透過這本書讓您更深地認識並經歷祂！

您的宣教同工

謝麗娟

於台北，台灣

2022 年八月

推薦序一

落土的一粒麥子

宣教之旅從來都不是一件容易的事。試圖背負十字架並跟隨他們的主耶穌而不準備付出代價的宣教士，要麼精疲力盡，要麼離開神的使命，失望、灰心、沮喪，有時甚至被摧毀。因此，宣教士是蒙神呼召的人，在基督的品格中不斷成長，隨時準備付出代價，並完全致力於實現神在他或她生命中的目的，直到生命的盡頭。

《一雙為祢而走的腳》是一本講述一位宣教士一生的書，她完全委身於神對她宣教的呼召，準備好背起十字架，忠心地跟隨她的主到底。這本書不僅讓我們概略了解麗娟的事工和挑戰，還讓我們目睹她個人與她的主同行以及與祂日益增長的關係。

宣教士在寫給支持者的定期代禱信時，總是面臨著決定分享甚麼和不分享甚麼的挑戰。但麗娟的自傳是對她的喜樂、悲傷、痛苦、失望、優點、缺點、成功和失敗的誠實和坦率的描述。在這本書中，她試圖透過一個上帝孩子的眼光來看待上帝的宣教，她經歷了生命中各個具有挑戰性的階段，如單身、婚姻生活、家庭主婦和母親。

當我第一次去非洲的尚比亞服務時，我的一位好友兼顧問

告訴我，上帝更感興趣的是在我身上工作，而不是我在宣教工場為祂做的事。誠然，在麗娟的整個宣教旅程中，上帝確實在她的生命中動工，打碎她，使她謙卑，並將她塑造成祂可以使用的器皿。

對於任何渴望成為宣教士的人來說，這本書將真正成為一本引人入勝、有趣、啟發、賦予力量和裝備的指南。它還將作為一種工具，讓派遣教會了解宣教士的掙扎和挑戰，並能為他們深入地代禱並支持他們。我強烈推薦這本書給牧師、教會領袖、差派機構、熱心支持者和有負擔的宣教士。

耶穌說：「我實實在在地告訴你們，一粒麥子不落在地裡死了，仍舊是一粒，若是死了，就結出許多子粒來」（約翰福音12:24）。是的，宣教士就像一粒麥子。他或她向自我死去、忠心的、犧牲的服事必定會結出豐盛的果實來榮耀上帝。願莊稼的主使用這本書來啟發、動員和激勵許多人成為宣教士或是有宣教使命感的基督徒。

SIM 東亞區主任

華生・拉賈拉特南

特別的呼召

　　有許多人很崇拜宣教士，特別是看過宣教士傳記以後，會覺得宣教士是很了不起的特殊人物。我自大學一年級開始近距離接觸宣教士的生活起居，由過去四十年與上百名宣教士緊密相處的經驗，我的心得是「宣教士和非宣教士同樣是在事奉主，宣教士沒有比較優秀，但是有特別的呼召。」

　　我認識麗娟已數十年，她的經歷真的十分精采，非常特別。麗娟所描述的許多故事我大多早知道，甚至是參與者。麗娟沒有刻意把自己雕塑成勇者，但很勇敢且坦承地說出自己的軟弱，和神親密的對話，以及她順服以後，神所賜下的恩典。希望麗娟的見證，能激勵更多人願意順服神的呼召，與神有親密的關係。不管是否當宣教士，都在自己的崗位上，為主作美好的見證。

國際事工差會
台灣區委員會主席
郭英調 醫師

推薦序三

「肉心」的宣教士

在這本書裡，我們會認識一位資深、與主同工，為人所景仰的宣教士，她仍然是「肉」做的，並不是「無敵鐵金鋼」，所向披靡的神力女超人。

麗娟分享了令她心碎的人、事、物；超越她能夠承擔的境遇、挑戰；每一個抗爭到流血的掙扎。

在幾十年前並肩服事的歲月，見識過她具有旺盛的生命力、在話語上大有恩賜，可以激勵、挑旺人心；也知道她是神經纖細、可以敏銳地體會基督的心腸，也能瞬間抓住人心，但也是容易受挫的。

在服事青少年中她可以帶動氣氛、炒熱場子，幫助孩子們聚焦於神，真誠地回應神；她可以搞到自己心力耗竭，透支到難以入睡！但也見證，被她服事的孩子也都能體會她的碧血丹心，在她需要午休補眠時，竟然可以自動自發地噤聲呢！

正是這份出自「肉心」的、與人的真實連結，使她可以在各處宣教，語言學習的挑戰中勝出，不論是宣教團隊中的各種「洋涇浜英語」＊、蘇丹的阿拉伯語，回到 Laiu 牧師印度家鄉的 Mara

語（主知道，印度的鈔票上就顯示出十四種語文！）似乎都沒有令主的使女作難。

從這些年來的禱告信，發現外在環境的艱難，未曾使我們的宣教士喪膽、退縮；但每當被自己的挫折感打敗時，她往往需要的是不折不扣、來自上帝真實的安慰。而她的「肉心」總是願意被安慰，信實的上帝在石牌信友堂曾陪伴著，用那首「teach me to weep」的詩歌，收拾起幾個小時的眼淚；遠行海外時，透過skype，在泣不成聲與神連線中，經歷過祂的安慰是那麼有溫度！

生命的主差派了我們「肉心」的宣教士，見證了祂的真實、良善與美好。

諸蔡筱楓 師母

編註：

*「洋涇浜，舊上海租界地名。……洋涇浜英語原指舊時在該地區的洋行職員、小販、人力車夫等混雜上海話的蹩腳英語。後泛指不純正的英語。」（2023/2/14 取自：教育部重編國語辭典修訂本，https://dict.revised.moe.edu.tw/dictView.jsp?ID=157374&la=0&powerMode=0）

1
─

你有甚麼理由這麼驕傲

　　我在 1966 年出生在台灣彰化一個重男輕女的農村，在五個兄弟姊妹（只有一個弟弟）中排行老三。我的一個叔叔在美國當醫生，大伯曾是農會的主任，最小的叔叔是很受疼愛的老么，所以，我的父親沒有念幾年的書就被留下來幫家裡種田。因為大伯家有四個兒子一個女兒，而我們則有四個女兒一個兒子，加上父親學歷低，又沒有公職，我們在大家庭中倍受輕視。記得媽媽每天晚上吃飯都不忘諄諄教誨我們說：「你們一定要用功念書，才不用像我們一樣這麼辛苦地種田，才不會被人看不起，才能出頭天！」我們假日時，若不是考試期間都要到田裡去幫忙工作，寒暑假也是一樣都在幫父母種田。媽媽認為要這樣我們才會珍惜讀書的機會！有一次假日時，我跟父母說因為要考試，要讀書而需

要待在家裡，但卻在家裡偷看電視，被回家拿農具的父親抓到，馬上就被要求到田裡去工作了。在這樣的環境長大，我們知道種田有多辛苦，於是都很珍惜能念書的機會，我也以很好的成績一路考上北一女。這讓父母覺得非常光榮，他們一輩子在人前受辱，現在終於可以抬頭挺胸了！

因為到台北讀高中，讓我有機會到教會聚會。雖然我在鄉下的家隔壁就是教會，但是那少數的基督徒的生命缺乏好見證，加上全村大多是傳統宗教信仰的家庭的關係，根本不可能進教會崇拜。我們只會在平時去教會借桌球桌打球，或是聖誕節時偷偷地去拿一些亮晶晶的卡片。曾經被我堂哥抓到，還被威脅：「如果你們敢再去教會，我就打斷你們的狗腿！」但是，在台北就沒有這樣的限制，高一的一位同學邀請我去教會，我就好奇地去了。但是牧師在台上講甚麼，我一句也聽不懂。不是因為我笨，而是我的心被撒但蒙蔽了。我們家不僅拜拜，還把每個孩子都獻給神明作義子或義女，身上都要隨時帶著護身符。雖然我聽不懂講道，卻能感受到教會的哥哥姐姐們真誠的愛心。當有一天老牧師問我：「你要不要受洗？」我就點點頭，心想年紀這麼大的牧師問我，當然要聽話囉！於是在不明白救恩的情況下就受洗了！

後來這事被父母知道後，他們就嚴嚴地警告我不可以再去教會，我就聽從父母的話不去教會了。直到我就讀陽明醫學院（現在的陽明交通大學）的時候，我在男女交往上發生挫折，開始思想一些人生的問題：「這世界上有不變的愛嗎？有真正的公義嗎？為甚麼有錢有勢的人就可以欺壓貧窮人？」我試著從佛教的

經典中找答案，但卻不能滿足我。大學四年級時，我的同學邀請我去參加一個福音聚會，我看著台上那些唱詩的人臉上散發出來的平安及喜樂，我也好想要有那樣的平安喜樂。我想：「也許我在詢問的這些問題，可以在教會中找到答案吧！」於是，我跟著那位同學開始參加在學校附近的石牌信友堂，但是這次我一定要好好的讀聖經，不能再像高中受洗時一樣迷迷糊糊的。

　　大學畢業後進入公共衛生研究所時，正是我想好好讀聖經的時候。雖然研究所的課業很重，但是我的屬靈母親（諸師母）要我每天讀十章的聖經經文，每週跟她約一次，可以問聖經中的任何問題。就這樣我把聖經讀完一遍，也看了一些護教的書，最後我的頭腦終於承認耶穌是祂自己所稱說的神。我也開始在青年團契、詩班、兒童主日學等服事。但是我並不覺得我是個罪人，我想：「我又沒有放火殺人，也沒有作奸犯科，怎麼會是個罪人？」但覺得掛在十字架上的主耶穌很可憐，很像我軟弱受苦的父親，所以我必須幫助祂。

　　研究所畢業後，因為覺得神要我全職服事，為了清楚是神的呼召，而不是我自己一時的感動而已，母會的諸牧師建議我先去福音機構事奉二年，也一邊尋求神的呼召帶領。我便去台灣世界展望會作北區的計畫區督導，第一年住在一對美國來的 OMF 宣教士（高牧師夫婦）的家裡。他們夫婦知道我其實還沒有重生，願意接待我住在他們家，不斷地為我禱告，也常常輔導我。有一個傍晚，高牧師和我談到驕傲的問題，我跟他說：「我從小就非常努力地念書，一直念到研究所畢業，這都是我自己努力的結

果,為甚麼我不能驕傲?」他只能搖搖頭,繼續為我禱告。有一天,我在廚房幫忙高師母做飯,師母一邊在對我作見證,告訴我,神聽了她朋友的禱告,如何滿足他的需要。當她在分享時,突然好像有一道大光照進我的心,神對我說:「你有甚麼理由這麼驕傲?如果我讓你出生在山地鄉(這是當時對原住民村落的稱呼)的村落,你現在會在哪裡?如果我讓你出生時就缺少一隻手或腳,你現在會是如何?」我當時在山地鄉的展望會計畫區工作,所以很清楚如果我是出生在當時的山地鄉,我很可能已經從小就被賣為雛妓了。如果我出生就缺手缺腳,在那個年代,我根本不可能受到甚麼教育的。我突然覺得好羞愧,我憑甚麼這麼驕傲?其實這一切都是神的恩典!我急忙跑回我的房間關起門,跪在床前認罪,神也繼續光照我,讓我看到我的自我中心、自私、不知感恩等罪,我羞愧地求神赦免我,也求主耶穌在我心中作我的主,幫助我不再走在罪惡的道路,我是在當時才真正重生得救啊!

但一次認了驕傲的罪,並不會完全就脫離它的挾制,驕傲在尋找一切可能的機會,在我的生命中露出它醜陋的面貌,這是我一生都在對付的罪。但感謝主,終於有了一個知罪悔改的開始,我終於領受神的憐憫及恩典,聖靈也開始更多的在我心中工作。神的憐憫和恩典實在浩大,祂的作為真是奇妙。是祂先揀選我,不是我揀選了祂。即便我是迷迷糊糊地受洗,神卻一直在幫助我,引導我,保護我不進入錯誤的道路中。有時候,我想:「我

是誰啊！神竟然這樣眷顧我，從一個小農村，從我微小的父家中揀選最不起眼的我，讓我成為祂的孩子！我真是不配啊！」

幼年的我（左）和兩位姊姊於老家前合影。

高中參加儀隊是榮譽。

默想與討論

1. 你如何進到教會？有誰幫助你開始認識耶穌？

2. 神如何幫助你看見你的罪？請分享你重生得救的經歷。

2

為何是去蘇丹，而不是印度？

在 1990 年進入台灣世界展望會服事之後，有一次機會代表
台灣區到印尼參加世界展望會亞洲區的會議，那是我第一次聽見
及看見許多那麼貧窮的兒童的故事及照片，特別是印度辦事處的
報告，在我心中一直揮之不去。我心中一直在想，神是不是要我
去印度宣教？也開始更多了解印度的情況，看關於印度的電影，
為印度禱告。終於，在中華福音神學院學習的第二年暑期短宣
時，我請求母會允許我去印度訪宣，教會很恩典的同意我去印
度，尋求神對我宣教的呼召。諸師母便在 1994 年暑假陪同我一
起去，透過印度展望會的協助安排了行程，參觀當地的計畫區，
及當地差會的事工。

　　一路行程走來，看見印度許多的貧窮及屬靈的需要，實在需要神的福音，心中常常為所看到的屬靈光景非常傷痛。但是，諸師母總是能幫助我從神的眼光去看那些景況，並且能在他們的無望中看到盼望。我們拜訪了一個廟妓的村子：在印度的鄉下，有時候非常貧窮的家庭會把一個小女兒送到印度教的廟裡，他們相信神明因此就會改變他們貧窮的命運，而祝福他們。這些小女孩會在廟裡學習跳舞，學習怎樣服事來參拜的人，長大後就成為廟妓，來供參拜的男人享用。所以，這個村子裡都是廟妓，沒有男人，只有婦女帶著小孩。而每一個家的孩子們都不知道誰是他們的爸爸，兄弟姊妹們都有不同的爸爸。但是有一位牧師在那裡向她們傳福音。我們去拜訪時，牧師安排我們參加她們的聚會。諸師母分享完信息之後，帶著小嬰孩的瘦弱姊妹們開始一個接一個作見證。有一位說：「昨晚我沒有奶水，孩子一直哭，我就禱告求神憐憫我的孩子，幫助我有奶水。今天早上起來，我的奶水竟然是豐豐滿滿的，感謝主！」我聽著一個接一個在無望中求告神而蒙神垂聽的見證，再次肯定：「只有主耶穌才是這塊充滿苦難及黑暗權勢大地的希望！」更讓我感動的是，那位牧師的太太曾經就是那裡的一位廟妓。

　　我詢問當地的同工要如何取得到印度宣教的簽證？當地同工回答說：「有三種可能性：一是學生簽證，二是商務簽證，三是嫁一個印度人，拿配偶簽證。」我心想：「我不可能當一輩子的學生，也不會從商做生意，又怎麼可以為了去印度宣教而嫁一個印度人呢？」

當我們從印度回台灣之後，有一次在教會的禱告會中，諸牧師要我們分成二個人一組，每一個人在心中問神一個問題，但不要告訴同伴，然後為對方尋求神要給他的答案。我當時的禱告同伴是陽明醫學院的一位教授，我問神的問題是：「祢要我去印度宣教嗎？」當我們各自禱告完，教授回過頭來就對我說：「神要你去印度！」我好驚訝，但也從那次得到一個印證。

　　我們印度訪宣結束之前，有一位印度同工告訴我，「我有一位朋友要去蘇丹宣教，你要不要見見他？」我心想：「我要去印度宣教，他要去蘇丹宣教，哪有需要見他呢？」於是婉拒了。回來後繼續尋求以後宣教的工場，都覺得神要我去印度，但實在不知道有甚麼合適的方式可以拿簽證。

　　訪宣回到台灣後，竟然收到那位印度同工的朋友（就是華才）從蘇丹來信，於是我們開始通信。當時，從蘇丹寄信到台灣要花一個月，因為要先寄到 SIM 美國辦公室，再轉到蘇丹，所以一來一回就二個月了。我便開始為婚姻禱告，尋求神的旨意，也請屬靈同伴及教會牧者為此事禱告，似乎都覺得是神的帶領。要選擇差會時，因為我對弱勢團體比較有負擔，也就加入中華基督教國際事工差會（SIM，他們的工場多數在貧窮落後的國家，也是華才加入的差會）。當時也對 SIM 東亞區領袖說明我和華才通信的事，他們說：「我們希望你們至少有一年的時間實際相處再決定，你可以先到蘇丹一年和華才相處，如果之後覺得是神的旨意，也彼此都覺得合適，可以結婚後繼續在蘇丹事奉。若覺得不是神的旨意，你可以選擇繼續留在蘇丹或換一個工場。」

我因為是單身，在華人的文化要出去宣教需要父母同意，但是父母當初對我信主及全職事奉神，已經非常不高興，如今要他們同意我去非洲宣教，想必是非常困難。我只能禱告，也請教會為我禱告。有一天，我媽媽問我：「你怎麼快三十歲了，還不找對象結婚呢？難道神學院裡沒有男生嗎？」我趁機跟她說：「有是有，可是他們都是要在台灣牧會，而我想去國外事奉。總不能把先生留在台灣，我一個人到國外吧！我現在有一個在通信的朋友人在非洲，你覺得怎麼樣？」之前，我的父母已經安排我去相親許多次，都沒有結果，他們看著我的年歲愈來愈長，實在擔心我會嫁不出去。所以當我提到和華才通信的事，我媽媽回答：「好吧！你去一年看看再說！」她心想：「我看她到了非洲，過不了一年一定待不下去，便會回來的。」

我當時心裡想著：「如果印度工場的門還沒開，而婚姻的門先開的話，那就先走開著的門吧！畢竟我的父母能同意我去非洲宣教，這對我而言簡直就是神蹟，也是一個印證吧！」於是，在1996年九月由母會石牌信友堂差派前往蘇丹，第一個任期是一年。當時有弟兄姊妹嘟囔說：「她不是說，神呼召她去印度嗎？怎麼最後卻是去蘇丹呢？她怎麼走，教會就要怎麼跟嗎？」我聽了也不知道要怎麼回答，只覺得委屈，但只能一步一步跟著神的引導走。後來過了一年，我和華才決定結婚，在1997年底回到台灣預備婚禮時，又有人說：「她到底是去宣教，還是去結婚的呢？」聽了這話實在很受傷，但只能眼淚往肚裡吞，知道這婚姻也是神很清楚的帶領，讓許多不可能的成為可能，讓我確知這是

神的旨意，我才有勇氣走進這跨文化的婚姻。但卻無法讓每一位愛我的弟兄姊妹們信服我尋求神旨意的歷程，也就只能繼續信靠神，走這條信心的宣教之路。

當 2008 年，我們正式回到印度東北建立 SIM 印度東北辦事處時，一路支持我走過來的已故諸牧師說：「我還留著當初師母和麗娟去印度訪宣時，當地的基督徒送給她的五十塊印幣紙鈔，神當初的確呼召麗娟去印度宣教，現在終於實現了。」2008 年回印度東北事奉之後，我一直都拿配偶簽證，一次申請可以給五年的簽證。我可以在銀行開戶頭，在辦公室服事等，都沒有問題。當其他在印度的宣教士面臨許多簽證問題時，我卻一點簽證問題都沒有，真是神的恩典！

現在回過頭來思想，若當時神在 1996 年就讓我去印度，我大概早就陣亡了。因為印度實在不是容易的工場，屬靈爭戰很大，我的屬靈生命也還沒成熟到能負荷那麼多的壓力。而先在非洲不同國家服事的十二年，則成為後來我在印度東北及台灣做差派動員的好基礎。神似乎讓我先看到遠景（到印度宣教），卻沒有馬上按照我所想像的路程帶我走。但祂的時間和安排等都是最好的，祂知道我的生命是在哪個階段，能承受多少擔子，所以祂量著我的腳步一步一步地引導我。真是如神所說的，「我的意念非同你們的意念；我的道路非同你們的道路」（賽 55:8）！走宣教的路，是一條需要緊緊跟著神引導的路，我們不可能取悅每一個人，也可能會有各樣針對我們的批評論斷，因為他們也和我們一樣看不清楚神工作的時間表及方式。所以就像保羅說的，不要太

在意別人怎麼評斷我們，只要在意神怎麼評斷我們。（林前 4:1-5）只有祂知道我們的心思意念，所以，要常常求神鑒察我們的內心，不要有私心，不要挑容易的路走，不要輕易放棄。只要清楚尋求神的旨意，然後勇敢地跟隨神走下去，這樣就行了！

我與南蘇丹可愛的學生們。

默想與討論

1. 有甚麼族群或事工是神放在你心中的負擔？

2. 在做一些重要決定時，你如何尋求神的旨意？

3. 當你確定神的旨意，但卻遭受別人的反對，你會如何應對？

3

―

神要我為你洗腳

第一年到蘇丹的主要事工是學習語言及文化，SIM 規定新的宣教士要有二年的語言學習，一天要花至少六小時學習語言（包括在課堂的上課及課後複習和練習）。所以，每一天我上完阿拉伯文課以後，就需要去不同的家庭拜訪，練習所學到的一些生字、生詞或句子。

因為蘇丹當時還在內戰，政府只允許宣教士住在首都卡土穆。卡土穆位於藍尼羅河及白尼羅河匯集成尼羅河上游的地帶，除了沿河一帶，其他地方大多是沙漠。夏天很熱，白天約 50℃，晚上散熱後，會漸漸涼一點，但有時候到隔天早上都還未散熱完。有一天早上，我坐在屋外靠著牆邊靈修，發現背部非常熱，才知道是磚牆還在繼續散發前一天所吸收的熱氣！一般人通常太

陽一下山，就把床都搬到院子裡，晚上就睡在庭院，但還是很熱，有時晚上吹的是焚風。我也經常把床搬到外面睡，因為宣教士招待所的房間雖然有安裝沙漠冷水機（air cooler，原理就像把濕毛巾掛在電扇上吹出濕濕涼涼的風），但是噪音實在太大了，好像睡在一輛行進中的坦克車旁邊一樣，根本睡不著。我需要在上床前先洗個冷水澡，不擦拭身體就穿上衣服，再灑水在床單上及地上，才能入睡，但過不了多久就會全部乾掉了。一天要沖澡好幾次，水不需要加熱就都是熱水，拿衣服穿，衣服也是熱的，坐在椅子上，椅子也是熱的，碰甚麼都是熱的。有一天晚上停電，我和華才坐在外面點蠟燭，乘涼聊天。隔天從神學院下班回家以後，發現放在屋外的鐵桌子上面有一坨白色的東西，實在不解，後來才想到那是前一天晚上留在桌上的蠟燭所熔化留下來的痕跡。但是，冬天會涼一些，白天最多到 40℃，晚上則可以降到20℃或更低，所以，冬天的晚上就可以比較容易入睡。

　　1997 年夏季的某一天，我照常在語言課後去拜訪並練習阿拉伯文，那一天我犯了嚴重的錯誤——我忘了帶水！又是正午，上面是大太陽，路上都是沙子，所以真的是上下一起烤，非常熱。我走著走著，又熱又渴又餓。我就跟神說：「神啊！我可不可以回台灣事奉祢，我可以服事婦女、青年及兒童。這條旅程實在太難走了！」其實我當時想到的是台灣的便利商店，裡面有冷氣，有飲料還有食物。但神在我的心中問我：「孩子啊！你的旅程會不會比從天上到地上還難呢？」我馬上知道神在講主耶穌，於是趕快悔改，跟神說：「主啊！求祢赦免我，比起主耶穌從榮耀聖

潔的高天，到這罪惡的世界來所受的苦，我這旅程的難度算得了甚麼呢？」於是趕緊繼續上路，做完那天該做的語言練習。

回到所住的宣教士招待所時，發現有一位荷蘭的女宣教士在門前等我。她說：「我在幫荷蘭的大使看家，已經做好飯，來請你去吃飯。」我好高興，心想：「哇！荷蘭大使的家一定有冷氣又有飯吃，太好了！」於是快步跟她去了！到了那裡，果然很漂亮又很涼爽，餐桌上的飯香飄逸，很想馬上到飯廳坐下吃飯。但她請我先到客廳坐，然後就消失了。回來時，她拿著一臉盆的水、一條毛巾及一塊肥皂。我問她：「你要做甚麼？」她說：「我要幫你洗腳。」我回答：「不行，不行，我剛剛穿涼鞋在沙地上走了幾個小時，腳又臭又髒的，你不可以幫我洗腳。」她說了一句不斷鼓勵我後來二十多年的話：「神要我幫你洗腳！」我當時忍不住就哭了，心想：「神啊！我剛剛還在路上跟祢抱怨，要放棄回台灣了，祢其實可以把我吊起來打的，而祢卻使用祢的使女向我彰顯祢的慈愛。從今以後，我這雙腳是祢的！祢要我去哪裡，我就去哪裡！祢要我做甚麼，我就做甚麼！」

對神做了那樣的承諾之後，神就開始在後來的年間帶著我們四處遷移。從蘇丹到南非（述職及做國際學生事工），從南非到迦納，從迦納到肯亞，從肯亞到南非（述職及讓華才完成他的博士學位），從南非再回到印度東北的席隆，從席隆到台灣（安息年），從台灣回到印度東北的賽哈，從賽哈再回到台灣！二十六年裡換了六個國家（在印度東北還換了兩個宣教地點）事奉，在同一個國家或地點也會搬幾次家。印象中就是不斷在搬遷，不斷

在重新適應，不斷地說哈囉，不斷地說再見，不斷從零開始！有 SIM 的宣教士開玩笑說：「SIM 代表的意義是：我一定會搬遷（Surely I move）。」但這樣的宣教旅程比起主耶穌從天上到地上來的旅程，又算得了甚麼呢？

「原來基督的愛激勵我們；因我們想，一人既替眾人死，眾人就都死了；並且他替眾人死，是叫那些活著的人不再為自己活，乃為替他們死而復活的主活。」（林後 5:14-15）每一次換一個國家或地點，都很不容易。但是主基督的愛不斷激勵我，讓我可以跌倒再爬起來，繼續學習信靠跟隨主。走宣教的路越久就越發現：我其實很容易抱怨、很容易想放棄、很膽小，不敢隨便換地方或國家，因為知道其中的困難及自己的軟弱。我沒有辦法靠自己的力量走到今天，只因為主耶穌不斷地向我彰顯祂的愛，鼓勵我，讓我學習為祂活，而不是為自己活。我需要天天緊緊抓住神，只定睛在祂身上，我只要稍不留神，就會像彼得一樣沉入大海。我自己是靠不住的，只有這位願意為我洗腳，為我死的主是靠得住的！

默想與討論

1. 你有沒有想放棄的時候？在甚麼情況下，你會想放棄？

2. 有甚麼可以幫助你不放棄？

3. 你曾經深刻地經歷神的愛嗎？請分享你的經歷。

背後是蘇丹沙漠小金字塔群。在乾旱疲乏無水之地，我們渴想神。

我與阿拉伯語文老師。

4

主耶穌需要學語言嗎？

阿拉伯語是世上極難學的語言之一，有許多很難發出的喉音，文法也很困難。所有的字都有陰陽性，動詞則要跟著單複數、陰陽性和時態而變化，變化無窮，還有許多動詞的時態變化是不規則的變化，要記住的實在太多了！在一個動詞的字根前面加一點變化，後面加一點變化，一個字就可以變成一個句子了！

我常常因為發音不準而被糾正，但又聽不出來我說的和糾正我的人說的有何不同！只怪我的耳朵不好，很難聽出細微的差異。我需要看到一個字怎麼寫，才知道要如何發音。（現在連中文和英文也一樣了！）在學阿拉伯文期間，有一天上完課去做語言練習時，一邊走，一邊非常挫折。大概是遇到我的語言學習瓶頸期，總覺得沒有甚麼進步和突破。走著走著就開始跟神抱怨

了：「主啊！這個阿拉伯文實在太難學了，我的中文很不錯，好不好讓我回台灣事奉祢吧？」主在我心中問我：「孩子啊！主耶穌來到世上時，需要學語言嗎？」我想了想，主耶穌來到世上時是嬰孩，所以，他應該需要從牙牙學語開始吧！而且不只學一種語言，他應該需要學亞蘭文、希伯來文和希臘文。如果主耶穌是神，況且願意謙卑地從牙牙學語開始學語言，我輕易就想放棄學習阿拉伯文，實在太驕傲了！我跟神認罪悔改，求神賜我謙卑的心來學語言。

學習語言是一條艱辛的道路，最難的是要克服我們的驕傲。我們在自己出生成長的地方時，可以用母語輕鬆的服事，和人溝通，也可能是備受尊重的傳道、牧師。但是，在宣教工場卻變成無人知曉的傻瓜，因為語言的限制，連問路都不知道要怎麼問，更不用說要大有能力的傳福音或講道。這對我們的自尊心是很大的打擊，若非常常思想主耶穌謙卑的榜樣，求神幫助我們，我們很難持續下去。

在我學習阿拉伯文的第一個月，我住在我們差會工場的主任家，每天要自己坐公車去語言學校。在齋戒月的一天傍晚，我要從語言學校坐公車回家，卻坐錯車。我看不到熟悉的車站可以下，就一直坐到終點站。下車以後已經快天黑了，可是我卻不知道自己身在何處，實在慌了！當時認識的阿拉伯文詞彙實在太少了，最後只能跟想幫我的幾位乘客們說：「房子，靠近，橋」這幾個單字。居然有一位男子說他知道橋附近（首都卡土穆是由三座大橋，跨越尼羅河、藍尼羅河及白尼羅河，連結三個城市而成

的）有一個外國人的家。我只能默禱求神保守，然後跟著他走。感謝主，他真的把我帶回工場主任的家。但是，他卻要求要進屋子，把我嚇壞了。我趕緊進屋子，請主任家的男幫傭出去打發他走。

現在想想，沒有語言能力，我們可能連怎麼死的都不知道呢！若我們想要把福音傳給當地人，不用他們的母語（心裡的語言），很難讓他們把主的真理聽進心裡去，要他們信主就更難了！2015 年回到印度東北的賽哈後，我已經是四十九歲了，又得開始學習華才的母語馬拉語。馬拉語有五種方言，我跟老師學的是聖經用的方言，而華才家族用的是另一個方言，我得自己找出其中的不同。頌恩學的是爸爸的方言，所以常常要糾正我的馬拉語。年紀大了學新語言實在不容易，但還是得學，因需要用馬拉語分享和講道。2019 年在戒毒村時，得用馬拉語教導和溝通，因為吸毒酗酒者都不懂英文，也需要學一些邦語米佐語，因為有些人不懂馬拉語。2020 年底回到台灣，發現我的中文已經忘掉許多，台語就更不用說了。常常講話時會找不到字用，聽別人講話時，也需要常常問：「對不起，請問這個詞是甚麼意思？」真是一輩子都得學習主耶穌謙卑的功課啊！

我想我真的太容易驕傲了，所以神才需要一直讓我們換國家事奉，一直讓我學習謙卑的功課。這樣也好，總比一直待在同一個地方，最後因為語言熟稔，就自恃甚高開始驕傲，要來得好吧！

默想與討論

1. 有甚麼曾經傷到你的自尊（驕傲）？請分享你的經歷。

2. 主耶穌的謙卑（腓立比書2:5-11）可以怎樣幫助你度過這樣的經歷？

5

—

你要嫁就去嫁吧！

　　1996 年九月中旬我抵達蘇丹的首都卡土穆，SIM 蘇丹工場主任的先生到機場來接我，因為華才在神學院有課不能來。他上完課之後到主任家來看我，那是我第一次見到他！對他第一眼的印象是：一位瘦瘦小小黑黑的宣教士。因為蘇丹的炎熱天氣讓他比照片中看到的更黑，他是單身宣教士，常常有一餐沒一餐的，加上天氣非常炎熱，也沒有甚麼食慾。所以實在瘦小。

　　我一邊學習語言和文化，也一邊開始真正近距離地認識華才。當時沒有手機，在蘇丹回教的保守文化中，我們也不能單獨約會，能約會的地方就是我們差會工場主任的家。因為華才比我先到蘇丹工場（他在 1994 年底抵達蘇丹），我們工場主任夫婦和其他宣教士都先認識他，也先接納他。因為他很真誠謙卑，工

作負責又認真，知道如何待人處事，與當地人的關係也很好，所以大家都很喜歡他。我在新加坡接受職前訓練時，就發現這個事實：大家都很喜歡他，接納他，所以他們都在觀察我，要看我配不配得上他！在蘇丹的團隊也用一樣的眼光在看我，蘇丹的工場主任還跟我說：「華才是一個很難得的宣教士，他就像我的兒子一樣。我們的團隊中只有他一個人，願意去住在神學院學生所住的貧窮社區！」這讓我有一些壓力，有時候因為和華才相處上有一些困難，跟主任訴苦時，她都會站在他那邊！

越和華才相處，越了解我們之間個性和文化的差異，他越來越不符合我想像中的「好丈夫」。有時候實在覺得這個關係走不下去了，但是神會用各樣的方式（包括我當天靈修的經文）告訴我，他就是神為我所預備的未來伴侶。有一天實在很想放棄這個關係時，當天早上靈修讀到的經文卻是：在監獄裡的施洗約翰差遣門徒去問主耶穌，「那將要來的是你嗎？還是我們等候別人呢？」（路 7:19）又過了一段時間，我還是覺得這個關係很難繼續下去，剛好前面提到的那位荷蘭的宣教士姊妹來看我，我們蠻談得來的，有時候也一起禱告。我告訴她我的狀況，雖然覺得華才是神為我預備的未來伴侶，但覺得很難跟他相處，加上父母對此交往關係的態度很不看好，實在不知道如何是好？她提議說：「我們現在禱告，然後你去打電話給你的父母，他們若說是就是，他們說不是就不是。」我覺得這是個不錯的建議，我的父母還未信主，華才又是印度人，十之八九他們會不同意。我們禱告後，我就去打電話，問我媽媽她對我們交往的看法如何？她居然

回答說：「你要嫁就去嫁吧！」我實在不敢相信我所聽到的，回去跟荷蘭姊妹說時，她很高興地說：「我們禱告了，所以答案是肯定的囉！」過了許多年之後，我媽媽才提到，她當時那樣說只是氣話而已，但是神卻用她的氣話在當時給我印證。

因為經過不斷地尋求，答案似乎都是肯定的，但父母的態度部分卻上上下下，很不確定。最後我就跟父母問道：「我和華才可不可以結婚？」他們的回答是：「讓他先來台灣，我們看看再說。」我想這也很合理，有哪個負責任又愛女兒的父母，會同意把女兒嫁給一個素未謀面的男人呢？當我跟華才說我父母的意見時，他回答說：「不行，除非他們同意我們的婚事，不然我不能去台灣！我是一個宣教士，萬一我去了台灣而他們拒絕我了，我哪有臉再回到蘇丹呢？」這實在讓我非常為難，一邊說：讓他先來，我們再決定。另一邊說：除非他們先同意，不然我不去。我夾在這個無解的情況中，不知如何是好？要放棄嗎？但是神一直向我確定，就是這個人，怎麼辦呢？只能禱告：「主啊！如果祢要我嫁給他，祢就得自己來開路，我不能違背父母的意思，我也不想違背祢的旨意。」

我打電話跟母會的領袖們說這個狀況，也請他們為此事禱告。最後，他們說：「不用擔心，把這件事交給我們吧！」他們也沒有見過華才，但是他們相信 SIM，他們知道差會挑選宣教士的標準很嚴格，所以若華才能被 SIM 接納為宣教士，應該有相當的水平。因此母會派遣了一個提親隊代表華才去彰化向我父母提親，成員都是教會的長執，包括醫生、企業家、教授等。我的父

母是農人，很尊重這樣社會地位高的人，也很驚訝這些人願意為他們女兒的事來到鄉下拜訪，最後提親竟然成功了。這是神用祂的神蹟再一次印證祂對我婚姻對象的旨意，我實在沒有話再跟祂爭辯了！

神給我一次又一次的印證，讓我很確信華才就是祂要我嫁的人，因為祂知道我的驕傲及剛硬，而我們將來的婚姻之路會非常顛簸困難，我會一直想要放棄，所以祂必須用各樣的方式讓我知道這個婚姻的確是祂的旨意，我才能下決心：不管遇到甚麼困境，不管要付多大的代價，都要一直順服神在這個婚姻中走下去！

現在回頭來看神引導的手，實在要稱頌神。祂讓一個印度東北的宣教士和一位台灣的宣教士結婚，是為祂後來在 2008 年，要在印度東北興起的海外宣教事工鋪路。雖然印度東北的教會很有宣教負擔，也願意差派許多宣教士，但是他們的財力有限。而台灣的教會雖然有財力，卻很難找到願意為主活，為主死的宣教士，願意去海外宣教。但神使台灣的教會願意和印度東北的教會合作，以至於今天（2022 年）我們能看見從印度東北差派出約六十位宣教士加入 SIM，在十五個國家宣教。神的心意實在高過我們的心意！（賽 55:8）有誰作過祂的謀士呢！（羅 11:34）神所命定的必然成就！而祂所成就的是超乎我們所求所想的，我們只是有幸可以藉著這跨文化的婚姻成為祂使用的管道，來完成祂那更大更美的計畫！

默想與討論

1. 目前單身：你（結婚前）選擇配偶的條件是甚麼？
   已有孩子：你對你孩子的配偶選擇條件是甚麼？

2. 你（曾經）如何為你選擇配偶尋求神的旨意？你如何為你
   孩子選擇配偶尋求神的旨意？

3. 對已婚者：回過頭來看，你能看見神將你的配偶賜給你有
   何美好的心意？

在教會舉行婚禮，家人見證留影。

6

—

我沒有把這個重擔
放在你身上

　　每一次述職時，我們都需要到幾個不同的國家，拜訪支持我們的教會及個人，包括新加坡、印度、台灣、馬來西亞及印尼等。有一次在新加坡時，剛好有機會拜訪了一位支持者，她和她的媽媽請我在餐廳吃飯。

　　吃飯的時候，她的媽媽一邊分享著神如何使用她幫助了許多人得救，然後她隨口問我：「你的家人都信主了嗎？」我回答她：「都還沒有。」她馬上說：「你連你的家人都無法帶他們信主，這樣你還有甚麼權柄去宣教？」我當場就淚流滿面，一方面為她所說的事實感到難過，就是我的家人至今都尚未得救，另一方面覺得很羞愧，她說得對，我連自己的家人都無法幫助她們信

主，還能在宣教工場幫助誰信主呢？

　　當晚回到住處後，我跟神求：「主啊！好不好讓我先回台灣，帶我的家人都信主以後，我再回工場吧！」主的聲音在我心中回答我：「孩子啊！我沒有把這個重擔放在你身上，你只要單單順服跟隨我。」主知道我的心中的問題，如果我真的可以帶我的家人都信主的話，我就會非常驕傲，把榮耀都歸給自己。感謝主，祂沒有容許我那樣，我只好順服神繼續回工場。

　　2017 年三月的一個夜晚，我在印度東北的賽哈家中，半夜接到台灣教會姊妹的電話，她告知我，我的父親病危，要我馬上回台灣。清晨訂到機票後，馬上前往省府，準備搭隔天的飛機。三天的行程中唯一的禱告是：「主啊！求祢讓我能見到父親的最後一面，求祢幫助他在去世之前能信靠祢。」感謝主，垂聽眾人的禱告，我抵達父親就醫的醫院時，父親還沒過世。接下來的幾天，我都在加護病房的家屬休息區待著，看見許多教會的弟兄姊妹前來探訪及為父親禱告，實在感恩。我求神用各樣的方式向父親彰顯祂自己，也求神賜給我一個清楚的印記，讓我真知道父親得救。我抵達台灣時，父親已經昏迷，無法睜開眼、說話、或做任何動作。但是，父親過世的那天下午，當所有人都進過加護病房探視後，大姊是最後一個從加護病房出來的。她很高興地說：「爸爸現在可以眨眼示意！」我們都很興奮，我便和另外兩位教會姊妹再次進加護病房，父親以眨眼示意我們，他願意信主也願意受洗，我們馬上在那裡為他施洗。當天晚上十一點多，父親就平安的離世與主同在了！雖然父親過世讓我很難過，但因為有確

據，知道父親真的得救了，心中就很平安。因著教會的許多弟兄姊妹們不斷的探訪及代禱，神垂聽眾人的禱告，使父親在過世前終於得救，大家都一同歡喜。大姊過了幾年之後，也在 2020 年終於信主受洗。實在感謝主！

　　回頭來看，如果我當時被那位老姊妹的話激動，不聽主的話，頑梗地順著自己的驕傲離開工場回台灣，想憑自己的能力讓家人信主，至今都不可能去宣教的，因為至今我的家人也還未全部信主啊！但是當我選擇跟隨主，按祂的旨意行，我得到了二十多年與主在宣教上同工的榮幸，也經歷了祂在我生命中的拆毀及重建。當我在工場時，教會弟兄姊妹對我的家人不斷地關懷及代禱，最後看見我家人一個一個信主時，他們便和我一同歡喜快樂！一同讚美神奇妙的工作！神的作為實在超過我們所求所想，是最美好的！

默想與討論

1. 你有未信主的家人嗎？你為他們的得救正在做些甚麼努力？

2. 如果你為家人信主的努力還未能看見成果，這一章給你甚麼鼓勵？

7

—

你願意回去幫助我受苦的
女兒們嗎？

2002 年初，當我們述職結束，需要申請蘇丹簽證回蘇丹事奉時，我們拿不到簽證回蘇丹。回蘇丹的門關了以後，SIM 國際總會和我們討論，之後決定派我們去迦納事奉，在神學院訓練當地的教會領袖。於是我們在 2003 初前往迦納。

蘇丹在打了二十多年內戰之後，蘇丹政府終於和南方的解放軍開始協談。最後決定從 2005 年起，有六年的和平協議過渡期，之後會有公民投票以決定南蘇丹的未來。因此 SIM 國際辦公室看見回到南蘇丹宣教的機會來了，便開始籌備。SIM 在二次大戰之前就在南蘇丹宣教，但是二十多年的內戰已經摧毀了我們所有的地上建築物，趕走了所有在南蘇丹事奉的宣教士。SIM 總會

現在希望能找到合適的人回去帶領 SIM 蘇丹團隊，但是要駐紮在
肯亞的首都奈若比，這樣才能同時做北蘇丹及南蘇丹的事工。

所以，在 2004 年中旬，SIM 總會詢問我們願不願意回蘇丹
工場。華才禱告之後覺得這是神的帶領，他心中有平安。他一講
他心中有平安，我就慌了，失去了我心裡的平安。我好不容易才
給頌恩找到保姆，才開始在神學院教學（我們住在神學院教師宿
舍），頌恩也開始有神學生的小孩一起玩，我才剛在迦納找到我
的手腳可擺放的位置，怎麼又要換工場了？而且還是蘇丹！想到
曾經在蘇丹事奉的種種難處，就覺得很困難。加上要住在肯亞的
奈若比，那是世界上犯罪率很高的城市之一，越想越不安。但是
華才希望我好好禱告，尋求神的帶領。

那個晚上，我翻來覆去睡不著，擔心著以上的問題。神讓
我想起我讀過的蘇丹信心之列的一本書，當中提到一位英國駐蘇
丹的大使太太，她是一位宣教士子女。她很關心蘇丹內戰地區的
難民情況，有一次她到蘇丹西部的努巴山區拜訪教會。她所拜訪
的教會沒有建築物，他們是在一棵大樹下聚會，沒有長條椅，會
眾坐在砍下的木頭上，大多數的會眾是衣衫襤褸，瘦骨如材的姊
妹。當她分享完之後，有一位姊妹站起來問她說：「請問上帝愛
不愛我們？」如何對一群經過二十多年戰亂，失去家園，失去丈
夫（多數是從軍戰死），失去兒女（因戰亂流離失散或因飢荒疾
病而死亡），受盡苦難的姊妹們，告訴她們上帝愛她們呢？大使
的太太沉默禱告之後，回答她說：「我有三個孩子，當其中一個
孩子生病時，那個會是我照顧最多的。我覺得上帝最愛你們！」

當我想起這個故事時，神問我：「你願意回去蘇丹，幫助我那些受苦的女兒們嗎？」我實在無言以對，流淚對主說：「主啊！我實在太自私了，我只想到自己的安危及困難，比起在蘇丹受苦的姊妹們，我將要遇到的苦難實在算不得甚麼。如果祢要我們回去，我就回去。」回應神之後，我就平安的睡著了。

　　隔天，華才用電郵回覆了 SIM 國際總部，關於我們的決定及尋求的過程。負責的領袖的回信讓我很驚訝，他說：「為了尋找人回去帶領 SIM 蘇丹團隊，我已經找了二十多對夫婦，先生總是說：『我願意，但是，我得回去問我太太。』然後都是太太不願意！我實在很挫折，於是跟神求：『主啊！當初祢要讓主耶穌來到世上時，祢差了二位天使，一位對約瑟說話，一位對馬利亞說話。現在可不可以也請祢差二位天使，一位對先生說話，一位對太太說話。我看了你們的回覆，真知道神垂聽了我的禱告！』

　　哇！原來我會想起英國大使太太的故事，是因為神垂聽那位領袖的禱告！我其實沒有甚麼可誇的，我只是順服神而已。感謝神，因著我們的順服，我們所重新建立的 SIM 蘇丹團隊是 SIM 所有工場中，第一個接收來自非洲的宣教士的工場。我們有來自伊索比亞及奈及利亞的宣教士，他們的禱告可以震動地獄，他們在南蘇丹藉著神的能力行神蹟奇事，連巫醫都來求助。一位巫醫來見我們在南蘇丹的非洲宣教士，他說：「我很有能力，很多人求助於我，所以，我也很有錢。可是我所拜的靈不讓我有安息的時刻，我非常痛苦，也已經精疲力竭。你們可以幫助我嗎？」宣教士回答他：「我們沒有辦法幫助你，只有主耶穌能幫助你。你

願意信靠祂嗎?」他說願意,於是宣教士為他禱告趕出污鬼,他便得釋放了。他非常喜樂,就回去帶了他的太太們及兒女們來信主。這豈不是像使徒行傳一樣的故事嗎?一些福音未及的族群開始聽聞福音,開始有教會在他們當中,實在令人興奮!

我們是誰?竟然有幸參與並看見神在南蘇丹,透過這些宣教士所成就的大事!我們只不過是願意順服神的帶領,而成為神使用的管道而已。神現在也在找願意順服祂的人,來成為祂恩典的管道。我們所能做的很有限,但神能使用有限的我們。只要我們有順服的心,祂就能使我們成為萬民的祝福!

南蘇丹的孩子們。

默想與討論

1. 當你面對變遷或搬遷時，你通常的反應是甚麼？為甚麼？

2. 當你清楚神要你搬遷或走出你的舒適圈時，有甚麼能幫助你順服神？

8

你不說，他怎麼會知道呢？

　　雖然順服神回到蘇丹工場（駐紮在肯亞），重建蘇丹團隊，但因為像是新的工場一樣，甚麼都要從零開始。華才忙著進入南蘇丹勘查現況，尋找宣教據點，又要寫計畫募款，又要到北蘇丹引導在北蘇丹的宣教事工，還要和一些差派辦公室聯繫關於宣教士來蘇丹的行政事務等。他待在肯亞的時候，整天都在樓下的辦公室工作。我甚至需要把飯食拿到辦公室給他，再回去收拾他的碗盤。有時候，頌恩起床時，爸爸已經在辦公室，頌恩要睡覺時，爸爸還在辦公室。他想念爸爸，想要到辦公室找爸爸，但華才工作時需要非常專心，不能被打擾，所以，我得攔著頌恩不可以去打擾爸爸。

不僅頌恩會抱怨沒有爸爸的生活，我更是受不了。不僅要做家務；照顧頌恩、陪他玩，（因為他還太小不能上托兒所）；還要照顧新到任的宣教士，帶他們熟悉奈洛比；當一些南蘇丹的教會領袖來訪時，還要接待他們。我覺得我已經快不行了！

我的屬靈母親諸師母本來要前往南非服事，聽到我的情況後，就繞道先到肯亞探訪我，我真的很感動。但是她來的時候，華才還是像往常一樣的忙碌，我得繼續我的日常事務並照顧頌恩，而頌恩因為我們不斷地搬遷（不僅換國家，在肯亞也換了幾個處所住），我們又住在 SIM 的辦公室小社區裡，沒有小朋友可以一起玩，我是他唯一的玩伴，所以他黏我黏得很緊，不讓我和師母有單獨談話的時間。

當諸師母關心另一位台灣來的宣教士時，我就像小孩子一樣生氣及忌妒。覺得我的師母是為了關心我才來的，怎麼現在只關心其他的宣教士呢？而對華才的怒氣則到了極點，我跟師母說：「你來之前，我早就告訴他，你要來探訪的事了。他怎麼還是照常他的工作，而不幫我帶頌恩一下，讓我可以有時間跟你單獨聊一聊呢？」她回答說：「你不說，他怎麼會知道呢？」我心想，連這麼簡單的道理都要我說，他才會知道嗎？不過最後還是順服師母的建議跟華才說了，請他幫忙帶頌恩，我好跟師母有單獨的時間出去喝咖啡聊一聊。他聽了以後，就真的請假，幫忙照顧頌恩了！

很多時候，我以為華才應該了解我，知道我的需要，但是他卻不了解也不知道。原來他不是故意的，他實在太專心於他的

工作，他是只能一心一用的人（我猜大多數的男人都一樣）。特別是當他在電腦前面工作時，他聽不到別人說的話，也看不到周圍在發生甚麼事。後來住在印度東北的賽哈，有時候連頌恩進了家門，經過爸爸的書房回自己的房間，華才都不知道。我跟頌恩說，爸爸的這種高度專心程度，他就想試一試是不是真的如此。有一天，華才在電腦前專心工作，頌恩對他說：「爸爸，我要去搶銀行。」華才回答他：「好啊！」頌恩真的服了！事後我們取笑華才這件事，他還說：「有這樣的事嗎？我根本沒聽到！」

　　我越來越了解華才的一心一用之後，才開始學習怎麼跟他溝通。也慢慢學習不要假定他都應該知道，應該了解我。他的心都專注在事工上，除非我確定得到了他的注意力，然後非常清楚地跟他說，否則他根本不會知道我在想甚麼或生氣甚麼。在賽哈的時候，我問了一位退休的老牧師：「你為甚麼這麼器重華才？」他說：「因為他是一個非常真誠，非常認真服事神的人。」這樣一位真誠認真事奉主的宣教士，卻會讓妻子跳腳，如果不是諸師母點明了我，幫助我學習說出我覺得他理所當然應該知道的事，我可能還會繼續誤會他，對他不諒解呢！

華才專心工作的模樣。

默想與討論

1. 在親子、夫妻、朋友、同事或同工的關係中，甚麼事情會讓你感到挫折？

2. 有甚麼方法可以幫助你讓這些關係更和諧？（我們先檢視自己是否假定／assume別人的想法、我們願意主動溝通、我們願意尋求幫助，等等）

9

—

照顧你的孩子是
很重要的事工

　　我到了三十一歲才結婚，三十六歲才有小孩。所以，有很長的一段時間，不管是單身時或結婚後的五年，我都像單身一樣可以自由地事奉。有了孩子之後，我突然從一個全時間事奉的宣教士，變成一個全時間的媽媽。我有很長的一段時間非常不能適應這個轉變，我突然失去了讓我得到價值的外在事工，覺得自己很沒用。到迦納時，頌恩才快一歲，我整天只有做家事和照顧頌恩。只是這樣，就讓我非常疲累，我忘了換工場所帶來的適應壓力，也會讓我疲累。神學院的學生們很不解，他們說：「我們有很多小孩，都不覺得累。你們只有一個小孩就那麼累，真奇怪！」其實，只有一個小孩更累，因為沒有大的孩子可以帶著小

的孩子玩，所以，一個孩子只能每天黏著媽媽。我也沒辦法像當
地人一樣，讓小孩放牛吃草自己長大，教師宿舍外面有比人還高
的草叢，有蛇、蠍、各樣的大型爬蟲類，當地瘧疾也非常盛行，
所以我覺得要時刻看著孩子才行。

　　因我照顧孩子實在疲累，一段時間之後，我請鄰居教授的
妻子幫我白天照看頌恩幾個小時，好讓我可以稍微休息一下。小
頌恩很不喜歡去鄰居保姆家，因為她會用非洲方式帶他，常常把
他背在背後，不讓他自由地到處探索。於是小頌恩開始晚上做惡
夢，然後會一直哭。現在想起來，實在覺得對不起他。看這樣子
下去對頌恩實在不好，而我們晚上也因為他會哭鬧而無法睡好，
只好不再送他去鄰居家。華才也責備我，怎麼可以請教授的太太
做保姆的事。有一次，小頌恩在家裡一直哭鬧，我實在受不了
了，我抱起他走到小小的儲藏室，拿起一個空的塑膠瓶一直往牆
上丟，來發洩我的怒氣及鬱卒。

　　我也不斷跟華才抱怨帶小孩的辛苦及沒有事工成就感的鬱
卒。他對我說：「我一天裡面最快樂的就是教完課後，回家時看
見你和小頌恩出來門口迎接我。你難道不覺得孩子是我們的喜樂
嗎？」我回答他：「是啊！喜樂都是你的，但是辛苦和鬱卒都是
我的。」他於是提議我們對換角色，讓他在家帶小孩，而我去神
學院教書。我想想，這樣實在不合乎非洲的文化，在非洲帶小孩
是婦女的責任，若讓華才帶小孩，當地人一定不會接納我們的。
只好繼續原來的角色分配，直到我們找到合適的保姆，我才開始
能在神學院教課。

可是，過沒多久，我們就搬遷到肯亞去了。我又得開始自己帶小孩，直到頌恩滿三歲才能把他送去托兒所，但是他很不喜歡托兒所，特別是中午要午休。對一個精力旺盛、好奇心很強的孩子，最殘酷的懲罰就是要他乖乖坐著不要動。每天早上要送他去上學，他都要哭鬧一番，手扒著車子不放，不願意下車進托兒所！因著我的問題，實在讓他受苦，很可憐。有一天，放學回家後，他跟我說：「老師說，托兒所就像一個候機室，你在這裡等候媽媽來接你。」那就是他當時的心情啊！

神其實一直在說服我：「照顧你的孩子是很重要的事工。」但是，我一直無法受安慰也一直無法接受全職媽媽的角色和心情。後來經過神不斷在我生命中的破碎及重建後，回過頭看才知道我當時的問題出在哪裡？為甚麼我一直不能接受「照顧孩子是很重要的事工」？因為我把自己的價值建立在「我能為主做甚麼事工？」，而這樣的事工在我的價值觀裡並不包括「在家帶小孩」。當我沒有在外面的事工時，我要怎麼寫代禱信呢？我有甚麼可以向支持我、差派我的教會報告呢？我是一個宣教士，但卻只是在工場帶小孩，這像話嗎？連我自己都不能接受，教會又怎麼會接受我這樣的角色與事奉呢？這是我的想法與困擾，也一直讓我無法有安息，因此也讓頌恩小時候受許多的苦！

當頌恩漸漸長大以後，我發現他很敏感，特別是對媽媽的心情很敏感。我只要心裡有甚麼不高興的、生氣、擔憂，他都知道，他很會察言觀色，很怕我會把他丟下，自己走了。有一次，我和華才吵架，頌恩很擔心地問我：「媽媽，你會和爸爸離婚

嗎？」現在想起年紀那樣小的頌恩會發出這樣的問題，實在讓我心疼。因為以前價值觀的錯誤，帶給頌恩許多心靈的傷害，我求神赦免我。

最近，我覺得也許因為自己的時候不多了，神一直在催促我寫下過去二十多年，祂在我生命中的作為。當我跟頌恩這樣說時，他馬上說：「你的身體很好，一定會活很久。」我跟他說：「誰知道自己可以活多久呢？也許我寫完自傳後，神就會帶我走了。反正你已經成人了，你可以自己學習倚靠神，神會幫助你的。」他很難過地說：「我還是個孩子，你不可以這麼早就離開，至少到我四十歲以後才能走！」也許，小時候那些上述的陰影，還在他心裡深處的某個角落隱隱作痛。我現在經常求神安慰醫治他小時候所受的傷害，也繼續不斷學習用神無條件的愛來愛他，求神用祂豐富無條件的愛來充滿他。

我和小頌恩。

默想與討論

1. 在你成長的過程中，你曾經覺得被父母傷害嗎？（被忽視、被遺棄、被不公平地對待、不被愛、過度保護、沒有自由⋯⋯）你願意饒恕你的父母嗎？

2. 在養育孩子的過程中，你有沒有甚麼遺憾（在某些方面我應該這麼做，或我不應該那麼做等）？請分享你的感想。

10

這一次你們就不要付費了

　　小頌恩是一個很健壯、精力旺盛的孩子。二歲以後，他就不需要再睡午覺了！他的牙齒也長得特別快，長牙齒時經常發燒，有一次八顆牙一起長，那次發高燒很嚴重，讓我們都累昏了！我後來開玩笑跟華才說：「他是等不及要吃肉，才長牙長得那麼快！」在迦納，因為瘧疾很盛行，所以宣教士都需要每週吃成年人抗瘧疾的藥劑，可是頌恩太小了，不能吃。有一次頌恩又發高燒，我們帶他去看醫生，一路上因為高燒的緣故，他變得意識不清，隔一陣子就會叫：「爸爸啊！幫幫我！」然後又意識不清。一路塞車嚴重，看著孩子受苦，讓華才都快急昏了！我們到達醫院時，醫生連抽血檢驗都沒做，馬上幫他用冷水擦拭全身，並給他用治療瘧疾的藥，過了幾天終於痊癒了。

在迦納一年八個月之後，我們搬遷到肯亞的奈若比，二歲半的小頌恩開始常常生病。經常發燒，吃退燒藥沒用，就只能帶他去看醫生。醫生開給他七天的抗生素，要我們一週之後再回去複診。複診時沒事了，隔週他又開始發燒，又要去看醫生。就這樣，幾乎每星期我都要帶他去看同一位小兒科醫生。有一次，醫生說：「這一次你們就不要付費了，因為你們每週都得來，我都不好意思收費了！」這樣子連續二三個月以後，我實在覺得這不是單純的身體狀況，有可能是屬靈爭戰。因為我們在南蘇丹的事工正在快速進行著，神也很祝福在那裡的宣教事工，所以我猜惡者可能不甘心，便對我們的孩子施加攻擊。於是我發出代禱信，請我的差派和支持的教會特別為頌恩代禱，神實在垂聽眾人的禱告，很奇妙的事發生了，在肯亞之後的那段時間裡，小頌恩不需要再每週去看醫生了！在那裡時也很少再生病了！

2008 年我們回到印度東北的席隆之後，頌恩又開始發生一些事故。有一天，他在學校跌倒，還得到醫院在頭部的傷處縫幾針。另一次，我們全家和小姑家一起去郊遊，他居然去吊在足球門上，結果手被足球門上的掛鉤鉤住，鉤子插入手掌（看起來就像豬肉攤上用鉤子吊著的豬肉那樣），他哭叫著，姪兒跑去救他，我們又得帶他去醫院的急診室在手掌上縫幾針。又有一次，他肚子痛，可是醫院醫生查不出原因，要他住院，結果從半夜開始，他每半小時拉一次肚子，拉到脫水，甚至看見幻影，把我都嚇壞了，趕緊呼叫護士，護士才幫他吊點滴，補充水分。出院之後，他的右手臂紅腫起來，而且發燒，腫脹得越來越嚴重。但因

為席隆的學生聯會發布戒嚴令，不准人們在外面走動，也不准人開車外出。我們只好背著他回去醫院（去醫院需要向學生聯會申請特別許可），結果醫生檢查出他是感染了條蟲，最後要開刀把條蟲形成的囊腫取出來。這只是頌恩比較嚴重的幾次事件，而經常都發生在華才出差的時候，但其他的姪兒姪女從來都不需要住院也很少看醫生。我猜這也有可能是屬靈的爭戰，因為在 SIM 印度東北的動員及差派事工非常蒙神的祝福，所以惡者又開始攻擊我們，而孩子是容易被攻擊的對象，因為若孩子生病了，父母就很難服事。

2015 年，我們回到印度東北的賽哈之後，頌恩也發生過幾次事件。一次是騎摩托車摔倒，到現在傷疤都還在。另一次是急性盲腸炎，但因為賽哈鎮唯一的一位外科醫生出差了，所以其他醫生就給他抗生素而已。等到外科醫生回來後，準備為他動手術，但因為在他小時候曾發現心臟瓣膜上有一個小洞，而在賽哈沒有醫療設備可以確認那個問題是不是還存在，所以醫生不敢讓他在賽哈開刀。只能再給他抗生素，然後叫我們帶他去省府的大醫院開刀。我們開了十幾個小時的車終於到達省府，看了醫生以後，醫生居然說：「他已經吃了那麼多抗生素了，現在已經不是急性病了，所以要不要開刀你們自己決定吧。」我們想想，最後還是決定讓他開刀了，一個星期後，我從省府坐飛機到肯亞開會，華才則帶著頌恩和姪女（她也因為尿道結石到省府治療）開車回賽哈。途中遇到下雨使路面坑洞積水，車子卡住動不了，華才居然叫他們兩位手術後才一週的病人下來推車！感謝主，保守他們的

傷口縫合處沒有因為用力推車而裂開！

　　當頌恩到印度東北的那加蘭邦去念高二時，又因為學校的水質骯髒，天氣很炎熱，很多同學的皮膚都感染黴菌，他也被傳染了。我看了他傳給我的照片，看到胯下黴菌滋生的地方很嚴重，讓他連坐著都有困難，不禁流淚。但是，我們從賽哈到他的學校要花三天，實在非常困難，只能叫他和同學先去看醫生。他的黴菌問題從高二就一直讓他苦惱，直到回台灣之後還需要治療，因為已經蔓延到手指甲（用手去抓癢的緣故）。感謝主，現在終於都好了，他前後受了四年黴菌之苦！有一次短宣隊從台灣來賽哈探訪我們，有一位隊員問道：「我們如果在這裡生病了，怎麼辦？」我只能回答：「你們就禱告，求神保守你們不要在這裡生病。因為缺乏醫療設備，醫生可能無法正確診斷出你的病，就算能正確診斷出病因，醫生開的藥你也不一定敢吃（印度的醫生常常開很重的藥）！」

　　因著宣教工場的環境（水質、衛生、天氣等）的問題，加上當地醫療資源不足，醫療水平不高，使宣教士和其子女在生病時很困難。但是，工場的當地人都是這樣在受苦的，我們還有資源能到大城市或回台灣就醫治療，但是當地人只能認命，我們所受的苦比起他們的根本不算甚麼。在蘇丹卡土穆事奉時，有一次我和神學生太太們去探望一位神學院畢業生的家庭，他們住在靠近努巴山區附近的難民區，先生經常到努巴山區（是內戰區）傳道及牧養那邊的信徒。有時候會託人帶一袋木炭給太太和孩子，有時候帶點別的，他沒有固定的薪水。他太太（曾是我的學生）告

訴我們一個見證：「有一次，我的小兒子生病了，我帶他去宣教士開的診所看病，診斷出是瘧疾。看病不用錢，但買藥需要錢。我沒有錢，就帶著孩子回家了。我跟神說，『主啊！這孩子是祢的，如果祢覺得是時候把他帶走了，就請便吧！如果祢要他繼續活下來，就請祢醫治他！』後來，我的兒子就痊癒了！」我問她：「那你們是怎麼生活的？」她說：「如果今天我們有飯吃，別人家會來我們家一起吃。如果明天我們沒飯吃，而別人家有飯吃，我們就去別人家吃。但有時候大家找不到臨時工，就都沒飯吃。」我們在台灣的醫療資源實在太豐富了，也很富裕，一天三餐要煩惱的是「不知道要吃甚麼？因為選擇實在太多了！」但我們卻常忘記這不是理所當然的，世界上有很多國家的人，是極度缺乏醫療資源，甚至缺乏食物及其他民生必需品。

當 2010 年我在席隆被診斷出子宮肌瘤和膽結石時，要在席隆開刀還是回台灣開刀，我很難做決定。最後因著我的屬靈父親何長老的一句話：「女兒，回來台灣開刀吧！」我就回台灣開刀了，非常感謝當時照顧我的二位醫生弟兄的家庭，出院後，他們家各照顧了我兩個星期，讓我恢復得很好。後來知道有一位印度東北的宣教士，在印度東北最大城市的一個大醫院開膽結石的刀，過了一年之後傷口處還會疼痛。有一位姊妹在席隆的大醫院開刀拿子宮肌瘤，過了兩年都還會疼痛！想到此，實在為工場的百姓感到難過，以上的案例都還是有機會就醫的，還有更多人是沒有錢去好的醫院就醫的！實在求神憐憫，也求神興起有醫術又有主慈心的醫生，願意在城市以外的地方獻身行醫，幫助許多窮

苦的偏鄉百姓。

　　宣教士經常會有屬靈爭戰，特別是在宣教士子女身上，疾病、意外等都很常見。如果主耶穌順服天父到世上來，都得經過那麼多苦難，甚至被釘在十字架上，我們這些服事祂的人怎能期望平安無事，一帆風順呢？但是主耶穌已經事先告訴我們了：「在世上，你們有苦難；但你們可以放心，我已經勝了世界。」（約 16:33）當我們順服神在各地服事，不保證我們都會平安無事，但是，主應許我們，祂會與我們同在（太 28:20），祂會賜下夠用的恩典給我們（林後 12:9），祂也會讓「萬事都互相效力，叫愛神的人得益處」（羅 8:28）。所以不要怕屬靈爭戰，不要怕為主受苦，苦難反而會幫助我們與主的關係更親近，讓主更多煉淨我們的生命。

印度賽哈的醫院。

默想與討論

1. 你對你所在地的醫療資源滿意嗎？你曾為神賜下這些祝福而感恩嗎？

2. 當醫療資源無法解決你的醫療需求時，你的感受是甚麼？你能從神那裡得著甚麼幫助呢？

3. 你有沒有想過：在你生活中的一些困難可能是「屬靈爭戰」？若是，你要如何面對？

11

阿姨，你在做甚麼？

2006 年在肯亞，有一天我接到在台灣的弟弟打來的電話，他告訴我：「爸爸需要一次接受三個心臟手術，醫院要求所有的子女都要簽同意書，請你務必回台灣一趟。」我很不放心四歲的頌恩，因為華才實在非常忙碌，要如何照顧孩子呢？但是，因為我一定得回台灣，我爸爸才能開刀治療，所以，華才要我不必擔心，放心地回台灣。我拜託他在我回台灣的兩週當中，務必不要出差，他也同意了。回台灣之後，我忙著照顧要開刀的父親，也沒時間打電話回肯亞問候。

等到我從台灣回肯亞之後，才知道我回台灣後沒多久，華才就需要出差到南蘇丹。他請了一位 SIM 南蘇丹團隊的單身女宣教士克萊兒，住在我們家幫忙照顧頌恩，帶他每天去上幼稚園。

頌恩平常都跟我們一起睡，雖然從嬰兒時期，我一直要訓練他自己睡嬰兒床，但他會一直哭。華才最後都會心軟而投降，起來把他抱到我們床上一起睡。他還跟我說：「我媽媽說：『怎麼可以讓那麼小的嬰兒自己睡在嬰兒床呢？』」在華才的家鄉，可能因為房間有限或為了建立親子間更深的愛的連結，孩子從小都是睡在父母身邊。甚至有些鄉下的家庭是全家人一起排排睡在一個房間的竹地板上，同蓋一條被子。華才說：「從前有個家庭在冬天一大早父親起床後，把被子拿走當他的披袍，就出去拜訪了。所以，全家大小就得都起床，生火，然後為坐在火邊取暖。」我也拿他沒辦法，只能讓他繼續按他的文化行。

所以當我在台灣時，華才到南蘇丹出差，四歲的頌恩留在肯亞，一家三口分散在三個國家！聽說，頌恩被託給克萊兒的第一個晚上，按宣教士的西方文化，孩子當然要自己睡一個房間。所以頌恩睡在我們房間，而克萊兒睡客房。頌恩就像其他小孩一樣，在客人面前都很聽話，不敢有異議，自己一個人在房間。大概因為害怕或不習慣，他睡不著。半夜時，他問：「克萊兒阿姨，你在做甚麼？」克萊兒被他吵醒，不悅地回答他：「當然是在睡覺，還能做甚麼？快睡吧！」頌恩就不敢出聲了。他居然這樣乖乖地熬了幾天，直到爸爸從南蘇丹回來，他又跟爸爸一起睡了。

我回肯亞聽到這樣的事也不能說甚麼！爸爸總是比較放心或比較粗心吧！而東西文化的差異也是事實，我也不能怪克萊兒不體諒小頌恩的困難，她肯定不知道華才的文化是如何對待小孩

的。在肯亞奈洛比時，有 SIM 肯亞的團隊也有蘇丹的團隊，大多數宣教士都是西方人，我們教頌恩要叫宣教士「叔叔」或「阿姨」。有一天，他叫了一位美國宣教士：「叔叔」，那位宣教士馬上回答他：「我不是你的叔叔！」（在美國，只有對父親的弟弟才能叫叔叔。）我得馬上解釋東西文化的差異，告訴他在我們的文化中，小孩不可以直呼大人的名字，需要叫叔叔或阿姨才是有禮貌。但西方宣教士的孩子都直呼我們的名字，連三歲的小孩也直接喊：「華才！」不過，後來我們也習慣了這樣的文化，反而覺得跟他們很親近。

SIM 蘇丹團隊在奈洛比買了一棟四層樓的房子，作為南蘇丹宣教士的招待所。因為辦公室人手不夠，所以我需要照顧宣教士招待所。雖然是新蓋好的樓房，但有許多地方需要修繕。在剛開始的六個月期間，我常常需要跑上跑下地帶工人到各層樓做修繕工作。其中一層樓租給了一位駐紮在奈洛比的美國宣教士。有一天我帶著工人去她家修繕，她回到家時，發現我和工人在她家裡，對此感到驚訝，她非常生氣地指責我，為何沒有事先告知她。我心想：房子是差會的，我是接待中心的負責人，而且是去幫她住的差會房子做修繕，我當然可以自由進出她的家囉！我已經為了接待中心的修繕忙了那麼久，她沒有感謝我，怎麼還責罵我呢？但是我當時並不了解對美國人來說，隱私權是非常重要的。雖是差會的房子，但她已經承租，她就是主人。我若要去做修繕工作，需要先經由她同意才行。所以後來就向她道歉了！

當身為少數的東方宣教士，在多數宣教士是來自西方國家的團隊中服事，這些都是要了解及適應的，也需要不斷地向別人解釋自己的文化，這是參與跨文化團隊的挑戰。但跨文化團隊也可以讓我們有機會接觸不同文化，幫助我們了解不同文化的優點及向他們學習。如果我們覺得自卑而退縮，可能就失去學習的機會。我剛到蘇丹工場時，就犯了這樣的錯誤，常常退縮、自憐，這樣對自己和團隊的關係一點益處都沒有。

有時候，因為我們的文化和其他西方隊友的文化不同，會產生誤會和衝突。少數的我們若不願意解釋自己和了解他人，那團隊的關係也可能會破裂，神的宣教事工便會受損。撒但常常使用宣教士團隊中的關係破裂來攻擊神的宣教工作，有些宣教士會因為同工關係的問題而離開工場。所以我們實在需要非常警醒及謹慎，要盡我們所能地維持團隊的和睦。跨文化團隊的合一是見證主耶穌很好的途徑，有一個南蘇丹人說：「我們不同的部落，雖然是屬於同一個國家的人，仍常常彼此爭戰。可是這些宣教士從不同的國家來，卻能和平相處。」因為這樣的合一，成為對當地人很好的見證。求神幫助我們成為和平的使者，賜下主耶穌的謙卑給我們，好叫我們能竭力保守團隊的合一。（弗 4:1-6）

默想與討論

1. 你了解自己的文化和世界觀嗎？如果你身處不同文化的團
   隊，如何能幫助你了解跨文化團隊同工的文化和價值觀？

2. 你了解自己和別人（配偶、孩子、朋友、同事、教會同工
   等）的不同嗎？有甚麼可能造成這些不同？（個性、家庭
   背景、社經地位、教育背景、性別、年齡、民族……）如
   何能幫助你更多了解別人，以增進關係的和諧？

來自各國的宣教士成為跨文化的團隊。

南蘇丹的戶外診所,醫生在為孩子看診。

12

難道神不要我們在南蘇丹
繼續服事嗎？

　　我們在 2004 年搬遷到肯亞，重新開始 SIM 在南蘇丹的工作以後，神就開始差遣宣教士從各國陸續加入我們的團隊。因為當時的南蘇丹經過了二三十年內戰的蹂躪（內戰時期的戰場大多是在南蘇丹，也有在西部的努巴山區），幾乎沒有任何建設，沒有道路讓人在各處通行，若有路也不是柏油路，當然大多數的地方也沒有車子。若要從一個宣教據點到另一個據點，需要搭乘小飛機，若兩個地方都靠近河流，那也可以坐船。所以，從肯亞要進入南蘇丹的各個宣教據點，都得倚靠宣教航空使團或非洲內地會的小飛機。我們要展開的幾個宣教據點都沒有飛機跑道，因此我們的宣教士需要先去開拓出跑道，才能讓小飛機起飛降落。有一

次，華才和他的團隊（包括機師）必須把小飛機留在一個臨時跑道上三天，請當地人看守飛機，他們則步行去其他地方，搜尋合適開拓飛機跑道的新地點。感謝神，當他們回來時，小飛機還安然停在原地。不僅是宣教士的運送，甚至物資也需要從肯亞用小飛機運送到各宣教據點，所以成本很高。小飛機要降落也很不容易，因為沒辦法把跑道圍起來或派人看守管理。有時候飛行員在降落之前，需要先低空飛過，把在跑道上的牛羊趕走才能降落。

雖然南、北蘇丹因著有六年（2005-2011）的和平協議而暫時停戰，但有時候還是會為了邊界問題而開戰，南蘇丹的不同部落之間也會打仗，不同村落之間有時也會為了爭取資源而開打，在難民營中，因為有不同部落的人，也常會有爭執鬧事，而本地的人也會因資源問題和難民營的人起紛爭而開打。所以宣教士們都需要準備一個背包，把一些重要文件（如護照、錢等）放在裡面，一聽到砲轟或槍聲，馬上拿起背包往叢林裡逃。對這些宣教士來說，特別是有小孩的家庭，實在非常艱辛，但是沒有一個宣教士因為這樣的艱辛而放棄在南蘇丹的事奉！

南蘇丹有許多疾病肆虐，還有一些罕見的疾病發生，宣教據點通常沒有醫護人員（除了後來開設的一個診所之外），所以宣教士們需要帶一些常用的藥品及急救用品，宣教士在出發到南蘇丹之前，都要接受一些簡單的醫療衛教訓練。簡單的病痛，就自己解決。遇到無法自己解決的病痛或狀況時，則需要用無線電對講機向在肯亞奈洛比的醫生問診，醫生透過宣教士所描述的症狀，告訴他該如何處理，該吃甚麼藥。若是病情無法改善，且變

得嚴重，奈洛比的差會辦公室就需要派遣小飛機，進入南蘇丹把病人載到奈洛比的醫院接受治療。

　　神藉著這些非常委身又意志堅強的宣教士，在南蘇丹做了非常多奇妙的事工，神也透過一些宣教士施行神蹟奇事。許多穆民開始聽聞福音而信主，以前的福音未得之民開始有機會聽聞福音。所以，惡者也就如火如荼地開始攻擊宣教士：有個宣教士的孩子被蠍子螫了，但因著信而被神醫治了！一個宣教士們所住的小社區被當地人搶劫。另一個據點的宣教士所居住的處所有戰事，因此宣教士必須在夜間逃亡。有一次，載著宣教士的小飛機在降落時失事，有宣教士受傷了。另一次，飛行員和一位飛機機械員從南蘇丹飛回奈洛比時失事身亡。一位從英國來的退休醫生到南蘇丹的診所服事，有一天，他劇烈腹痛，奈洛比的醫生還未能查明病因，他在兩個小時後就過世了。一位伊索比亞的宣教士，也在南蘇丹因為罹患瘧疾而死亡。

　　當有許多這樣的不幸發生在宣教士當中時，蘇丹團隊中有一位成員問道：「發生了這麼多不幸的事，難道是神不要我們在南蘇丹繼續服事嗎？」可是另一位隊員卻回答：「我認為剛好相反，正因為神要我們在那裡宣教，而神也大大祝福了我們的事工，所以撒但才要激烈地反擊，想要讓我們知難而退！」同一件事，可以有兩種完全不同的解釋及看法，你會持哪種看法？最後，我們的團隊沒有因為挑戰及困難而全部撤離，反而繼續在南蘇丹宣教。神也繼續差遣許多願意為主活，甚至願意為主死的宣教士到南蘇丹宣教。今天，一些當初我們在南蘇丹事奉時期的福

音未得之民，已經開始有教會在他們當中了！他們開始有查經班，開始在主日敬拜那位創造他們也為他們受死復活的主耶穌。我們真是無比感恩，這實在是神使用了許多有異象的宣教士，因他們願意接受各樣挑戰、不怕為主受苦、甚至為主犧牲性命所結下的果子。「宣教士殉道者的血是教會的種子」，這句話到如今還是真實的！

小飛機也承載大使命，載宣教士飛往蘇丹。

默想與討論

1. 當你在工作或事工上遇到困難和受到挫折時,你會想放棄嗎?為甚麼?

2. 試想:神為甚麼容許你遇到這些困難與挫折?有甚麼可以幫助你在困難中堅持下去?

一雙
為祢而走
的腳

13

現在就是去印度的時候了！

2007 年述職時，我們再次到南非進修，不過這次只有華才進修神學博士，我則是專心照顧家庭。華才的博士班從 2002 年就開始，但論文的撰寫主要是在 2007 年，當他日以繼夜在寫論文時，他的心又開始摸索我們服事的下一步了。

有一天，他告訴我：「我們在蘇丹的團隊的事奉可以交給可信任的人了，我們要不要回印度東北招募宣教士？當我是 SIM 蘇丹工場的主任時，在南蘇丹有許多穆民部落的領袖來找我，他們說：『我們知道你們是基督徒，是宣教士。但是我們需要教育、醫療、乾淨的飲用水等，請你們來幫助我們。』但是我們的宣教士人數有限，沒有辦法派人去幫助他們。印度東北的教會很有宣教的負擔，有許多年輕人願意出去做跨文化宣教，只是沒有管

道，不知道如何出去到其他國家宣教。我們回印度東北招募宣教士吧！」我的第一個回應是：「不要！」我去過印度東北華才的家鄉，那是一個非常緊密的社群文化，沒有自己的時間、空間及資源，這些都是共有的。我去過幾次就稍微知道那邊的文化及我自己的限制，我想我實在沒有辦法在那樣的社群文化裡生存。

當時，SIM 負責亞洲及東非的國際副主任 Howard Brant 正在提倡：SIM 應該從各地的教會差派宣教士到各地去。他也邀請印度東北的一位牧師到肯亞討論此事宜，而討論的結果是非常正面的。

當華才詢問 SIM 東亞區領袖們的意見，是否容許我們回印度東北招募宣教士時，上述的那位印度東北的牧師也跟東亞區的主任聯繫上。他說印度東北有很大的潛力可以差派許多跨文化的宣教士，他和一些教會領袖已經在印度東北設立跨文化宣教的訓練中心，請求 SIM 可以到那邊設立辦公室，以差派他們訓練好的宣教士候選人。所以當華才問東亞區主任林博士，我們可不可以回印度東北開始 SIM 印度東北辦事處時，林博士馬上就同意了。華才詢問了他的宗派領袖的意見，他們也同意。我問了我的差派母會的意見，他們也同意。就只有我一個人反對！

華才希望我好好地禱告，因為南蘇丹的需要實在太大了。馬其頓的呼聲是那麼強烈，我們的領袖們也都同意我們回印度東北服事。所以我只好乖乖的去尋求神的旨意。當我禱告時，神問我：「我在 1994 年呼召你去宣教，是要去哪裡呢？」我回答：「是印度！」神說：「現在就是去印度的時候了！」我沒話說，無

法跟神強辯，只好順服了。於是我們在 2007 年十月回到印度東北的席隆市，參加當地教會領袖召開的首屆「印度東北教會領袖跨文化宣教大會」。SIM 東亞區的主任林博士、我的母會的諸牧師（SIM 台灣區理事長）、宣教部許長老（SIM 台灣區理事）和另一位理事，以及 SIM 國際辦公室亞太地區的國際副主任（黃景青醫師夫婦）、Howard Brant 博士等都參與了那次盛會，也在那時正式差派我們一家到印度東北，開始設立 SIM 印度東北辦事處，並從與會者中選出七位 SIM 印度東北辦事處理事會的理事。

2008 年二月，我們正式前往席隆，找住處與辦公室地點，一切從零開始。感謝主！讓我們有榮幸在同年九月派出兩位單身姊妹，Canbeera 和 Asule，到南蘇丹宣教。Canberra 宣教士是加羅山區的浸信會所差派，她的牧師也參加了 2007 年十月舉辦的「印度東北領袖跨文化宣教大會」。他告訴我們：「我們有一位姊妹叫 Canberra，有教育學碩士。神呼召她去非洲宣教，但我們不知道如何派她去非洲，實在沒有管道。現在你們回來在印度東北設立 SIM 的辦事處，實在太好了，神真是聽了我們迫切的禱告啊！」哇！原來我們會回到印度東北服事，也是神垂聽祂的子民的禱告所致，實在令人對神的工作感到驚奇！Canberra 也說：「神實在是垂聽禱告的神，我曾夢到一群非洲人，他們很可憐，要我去幫助他們，但我不知道怎麼去。我只能禱告，神卻讓你們回來幫助我可以順服神的宣教呼召，實在謝謝你們！」

雖然順服神的帶領回到印度東北服事有許多的艱難及挑戰，但是神卻賜給我們榮幸，能看到許多印度東北的年輕人回應神的

呼召到世界各地去宣教。他們在宣教事工上所做的，比我們更好更美，也更有果效。他們願意吃苦耐勞，在艱苦的環境下沒有怨言地用愛心服事神及人。甚至西方宣教士都覺得驚訝，說：「我們有許多資源及各樣的科技，而這位 Canberra 和 Asule 甚麼都缺乏，但她們卻做了我們所不能做到的！南蘇丹人那麼接納她們，愛她們。她們真的是『愛的宣教士』！」這是因為她們把當地人都當作她們的家人，她們把這塊經歷數十年內戰，千瘡百孔，沒有柏油路，沒有醫療診所，沒有乾淨飲用水，許多地方還布滿地雷，天氣炎熱，蚊蟲孳生，又充滿各種疾病的地方，當作是神給她們的「應許之地」。感謝神，讓我們有幸可以成為差派這樣美好的宣教士的管道！

我們夫婦倆在 2007 年底，離開了事奉十二年的非洲（對華才而言十四年），在 2008 年初建立了 SIM 印度東北辦事處，到了 2014 年初我們離開 SIM 印度東北辦事處時，已經看見三十多位像 Canberra 的宣教士，從印度東北被派到不同的國家宣教。至今（2022 年），已經有約六十位印度東北的宣教士，在十五個國家宣教，為神打美好的仗。我們還能跟神要甚麼更大的恩典呢！是我們的榮幸，能看見並參與神在印度東北興起的跨文化宣教浪潮。我們只是因著順服，有幸與神同工，就看見神透過這些宣教士所做的奇妙的作為！

默想與討論

1. 在你生命中,曾有哪些轉換讓你卻步?為甚麼?

2. 你如何克服那些懼怕,而繼續往前行?你信得過「神若帶
   領你,祂必與你同在,一路幫助你」嗎?你的信心經歷甚
   麼樣的轉折?

3. 你曾經歷「順服神的旨意,雖經歷艱難,但後來看見祝
   福」嗎?請分享。

印度東北宣教士訓練班合影留念。

14

今年我要認領聖誕節的餐會

　　每一年在印度東北的賽哈最重要的節日就是聖誕節，就像華人的過年一樣，在外地工作或念書的人都要回家團聚。各個地方堂會每年都會有一個家庭，認領那一年的聖誕節餐會。那個認領的家庭會從年初就開始養一隻豬，稱牠「聖誕節的豬」。到了聖誕節，所有的會友大大小小，都會到那個家去吃飯。通常每個家庭會奉獻一些米，教會有節慶時專門煮大鍋飯菜的團隊（都是男人），在路邊搭棚子，殺豬及其他要用的動物（如牛、雞等），然後用很大的鍋子作飯，煮豬肉及其他肉，預備其他菜色（如生菜沙拉）。然後，在路邊用長木板釘一些臨時的桌子，會友們就排隊領餐，再找幾個人可以圍起來蹲著吃飯的地方享受聖誕大餐。通常動物的內臟及頭部的肉等，只供給教會的領袖們食用，

這是貴賓才能享用的上等菜，貴賓們則會在屋主家裡坐著用餐。對許多人而言，特別是早期很貧困的鄉村，那是一年一次的饗宴！許多年輕人會裝滿一盤像山一樣的飯，供餐的同工會在上面擺幾塊肥豬肉（瘦肉要給貴賓），再加上一點辣生菜沙拉，他們就可以吃上好幾盤了！

　　2007 年底，我們要回家鄉賽哈述職，所以婆婆決定認領那一年的聖誕節餐會。本來說好二叔會出一頭牛，小叔會出一隻豬，但是後來都因各種原因沒有辦法給了，變成我們家要負責所有的費用——買豬牛、青菜、調味料、糖和茶等。婆婆則因為非常高興我們一家要回來，小叔家也要從新德里回來，所以從很早就開始請人帶話給四處的親戚說：「請你們來參加今年我們主辦的聖誕節餐會，這可能是你們最後一次可以見我的面了！」她當時是八十一歲，現在是九十七歲了，她當時不知道自己還可以活那麼久！所以不僅聖誕節那天約有七百位的會友來吃飯，（當然我們買的一頭牛加一隻豬是不夠的，後來又多買了一隻豬），並且直到我們離開賽哈之前的那五個星期中，每天都有約三十五個人在家裡吃飯，若有幾個親戚離開了，就會再有幾個親戚來，畢竟婆家的親戚實在很多。我們所蓋的 18 乘 24 英尺，一樓半的小木屋根本不夠用，連隔壁小姑家才蓋到一半的房子也得用到，才夠大家在地上排排睡。就算婆婆會一一幫我介紹每個親戚，但我根本認不出誰是誰。每一天都有那麼多人在那小小的屋子裡，我的馬拉語又非常有限，但每個人都想跟我說話，很多人是第一次見到我。從一大早五、六點，家裡就人來人往，也有來拜訪的人，實

在讓我負荷不了。

每天晚上我們家裡都會有聚會，會友及家裡的人在我們打通的一樓（把隔間的三合板拆掉），圍圈圈唱詩跳舞，然後有一位會起來證道，通常到很晚才會結束，因為當時沒有甚麼娛樂消遣，所以這是大家都喜歡的聚會，能聚在一起本身就是讓他們很快樂的事。快六歲的頌恩每天都很高興，因為有許多的親戚，許多的堂、表兄弟姊妹可以一起玩，每晚都跟著他們排排睡在地上。

我的婆婆非常愛她所有的親戚，她是她的六位兄弟姊妹中唯一還存活的，所以她兄弟姊妹們的所有子孫都像她自己的子孫一樣珍惜她、愛她。當這些親戚從貧窮的鄉下來時，婆婆就會向我們報告他們的需要，或者在晚上家庭聚會時提出來當作代禱事項。華才遺傳了父母的愛眾人及慷慨的個性，所以有求的就給他。我們所帶回去的三千美金很快就用完了，在賽哈的銀行不能兌換外幣，就算我們身上還有一點美金也無法兌換。後來只好把1998年蓋給小姑住的那個小木屋連土地，以二十萬印幣（約六千美金）賤賣了。我還需要把錢藏起來，只由我來管錢，不然我們最後兩個星期就無法生活，也會沒有錢讓我們前往席隆，開始印度東北辦事處的事工。

那個聖誕節是我一生難忘的聖誕節，也開始讓我懼怕住在華才的馬拉族群中。到了席隆之後，甚至只要聽到有華才的親戚要來見我們，我就開始恐慌！那次的文化衝擊對我而言實在太大了，而我卻不知道後面還會繼續有更多的文化衝擊。原來那只是

神要在我生命中開始工作，把我生命中的渣滓震盪出來的前奏而已，我只覺得開始搖搖欲墜了！我是一個很堅強的人，在非洲的十二年，雖然有許多的困難及挑戰，還不足以把我震碎，我還無法走到自己的盡頭。所以神非得要用在印度東北那樣大的文化衝擊來震倒我，把我逼到自己的盡頭，否則我永遠無法經歷祂在我生命中的「拔出、拆毀、毀壞、傾覆，又要建立、栽植」（耶1:10）的工作！「神的豐富、智慧和知識，是多麼高深啊！他的判斷是多麼難測，他的道路是多麼難尋！」（羅11:33，新譯本）

家庭成員一同預備餐點。

默想與討論

1. 在你的生命中，你見過非常慷慨，願意與人分享的人嗎？
   如果那人是你的配偶，你要如何與他／她相處？

2. 當神拉扯（stretch）你的信心時，當你覺得真的撐不下去
   時，你會懷疑神的愛嗎？你能轉向誰？

15

——

主啊！
我把自己都交給祢了！

　　在賽哈過聖誕節和新年時，華才已經同意接受一位親戚的女兒來席隆和我們同住，她要在席隆讀十一年級。所以我們在 2008 年二月抵達席隆沒多久，找到房子後，姪女就來住在我們家了。我們花了一些時間找到房子，但是當時要申請瓦斯的使用則要花更多時間，從遞上申請表到可以拿到第一桶瓦斯共花了兩個半月。拿到瓦斯之前，我們只能用木炭爐和一個小電爐煮飯，煮一頓飯要花兩個多小時，那是我生平第一次學習用木炭煮飯，連點火都要學。剛開始只買了床墊、幾張小凳子，飯菜放在地上吃。在那樣的情況下就有客人來了，有一次我忙昏頭了，還坐在放著飯盤的小凳子上！華才說他要自己做木床、木桌、木書櫃、木衣

櫃等，所以我們只能克難地簡單生活到他有時間做好這些家具。

過了兩個月，小叔的二兒子也來和我們同住，他要讀七年級。他不懂英文，一切要從頭學，因為在席隆的學校都是用英文授課。頌恩六歲了，可是學校只允許他上幼稚園，因為在非洲的幼稚園都是在玩，真正的學習很少。入學前，老師給他測試，叫他從一寫到一百，從 A 寫到 Z，他根本寫不出來，所以不讓他讀一年級。我得幫頌恩補課，還要幫姪兒補課，用最簡單的英文向他解釋各門功課，他則用功地查英文翻馬拉語的字典。

華才說：「我們若要在印度事奉，就得接受親戚的孩子跟我們住，否則就不能留在這裡。因為別人會說我們是很壞的，居然不接受親戚的孩子，不幫助他們。」當接受兩個孩子來同住時，我還不太清楚在華才的文化中對我的期待是甚麼，我不了解其實我已經成為三個孩子的媽了！在他們的文化中，我必須待這兩個孩子像自己的孩子一樣，我必須供應他們一切的需要。加上華才是他們族裡受尊敬的宣教士，因此教會領袖和親友到席隆時會來我們家暫住。盛情接待客人對他們而言是很重要的文化，所以有客人時就要準備豐盛的菜餚。

在我成長的環境不太需要接待客旅，因為台灣很小而且交通方便，來拜訪的人都可以當天往返，只有自家出嫁的女兒會回來小住。雖然我剛到台北念高中時曾經住在我的阿姨家一學期，後來又在我大姊家住過一學期，但她們都是我的近親。但在華才成長的環境接待客旅（甚至不相識的人）是非常必須且重要的，因為以前印度東北鄉村的交通很不方便，鄉村的道路不好又沒有

車子，所以旅行時都要靠步行。假設沿著山路有甲乙丙丁幾個村落，相隔都有一天步行的距離。如果乙村的人要到丁村去，除非他在丙村有認識的人或親戚，不然他就要在晚上借住在丙村中不相識的人家。下次如果有丙村的人要到甲村去的話，也需要在乙村借住在一個不相識的人家。如果丙村的人不願意接待乙村路過的人，那麼下次乙村也不會接待丙村路過的人。因此這種接待客旅的文化在從前交通不便的時代是很實際的彼此幫助，也是群體文化中不可或缺的重要部分。華才二十多歲就開始擔任牧師的職務，他需要牧養九個村落的九個堂會，來往各個村落時都要步行，在各個村落服事時都必須借住在教會領袖的家。因此他切身體會到接待客旅的好處及重要性，他是那個經常必須被接待的客旅。我們搬到席隆以後，到我們家暫住的客人都是教會領袖或親戚（不論關係的遠近），華才理所當然的認為接待他們是必須且重要的。所以對接待客人的看法是我們之間很大的一個文化差異，我覺得不需要接待，因為我都不認識他們，但他因為以上談到的文化及他的經歷而覺得非常重要！

　　SIM 的薪資計算不是按我們有多少親戚同住，有多少客人要款待來計算的。因此薪資照舊，但吃飯的人變多了，需要用錢的地方變多了，薪水用完之後，就得開始用我們的儲蓄了。不僅在財務上漸漸吃緊，家裡常常有許多客人，他們都用馬拉語交談。大家吃飯時談笑風生，只有我聽不懂，不知道甚麼時候該笑，像個傻瓜似的。加上辦公室也是剛起步，我忙著家裡又要忙辦公室，剛開始有幾個月還要兼做辦公室會計的事務。漸漸地，

我開始變得易怒，睡不好，常常責備孩子們，看事情很負面，常覺得喘不過氣來（吸不到氣）。也常常跟華才吵架，我希望他再也不要接待客人或親戚來住我們家了。有一次，華才的朋友請求他說：「我的女兒要到席隆唸書，在她找到宿舍之前，可不可以先借住在你家兩個星期？」華才很為難地跟他說：「讓我先跟我太太討論看看！」但是我並不同意這個請求，所以華才便無法答應他的請求。之後，他很生氣地跟別人說：「華才以前到我們村子時，都是在我家借住的，現在我才懇求他幫我女兒兩週，他都不肯，他真是個不像話的牧師！」這樣的話最後傳到華才的耳中，他非常受傷。更讓他難過的是，在他有機會跟他的朋友好好解釋之前，他的朋友就過世了。從此他再也無法拒絕任何人，那是他因著我的緣故第一次拒絕人啊！有一天他跟我說：「如果你沒有辦法接待人，我們就不能在這裡事奉。如果對你太辛苦、太難了，我們可以回非洲事奉。」我回答他：「我們回來之前很清楚尋求了，知道回印度東北是神的旨意，如果要死我也得死在這裡！」

　　但是，我的身心靈狀況越來越不好，常常夢到自己像吹氣球一樣，愈來愈大，隨時可能爆掉。早上也不想起床，起床了也沒有動力做任何事，常常為一點小事就哭。覺得一切都是華才的錯，因為他不能拒絕人來我們家住。開始懷疑婚姻的價值，華才無法了解我的難處，兩個人越離越遠。漸漸地，我連靈修都困難，讀不進神的話，覺得很枯乾。開始覺得自己很沒有用，沒有價值，活著或死了好像也沒有甚麼差別，我看不到任何出路和盼

望。我不知道我已經開始有憂鬱症的症狀了！

我請求 SIM 領袖幫助我，但因為他們無法真正了解華才的文化，所以雖然嘗試幫助我們，卻沒有果效。我不能跟我的父母家人抱怨，否則他們會說：「那是你自己選擇要嫁的！」我感到好孤單，好無助，好無望！我漸漸退縮，有客人來吃飯時，我就禁食而不禱告。只是不想見人，沒有辦法給客人笑臉。我把錢給姪女，讓她去買菜，煮飯招待客人。華才開始質問我：「你是不是基督徒，為甚麼連接待客人都無法做到？為何沒有一點喜樂？」我覺得自己好像站在懸崖邊的絕望人，而華才的話就像臨門一腳一樣的把我踢下懸崖。

我的堅固城牆終於被這些壓力震倒了，也走到自己的盡頭了，我再也沒有辦法靠自己的力量撐下去了。我覺得一切都不在我的掌控之下，一切都沒希望，一切都完蛋了。我再也沒力氣掙扎了，我甚麼都不能做了。最後我只能絕望地跟神說：「神啊！我實在太不喜歡我現在這個樣子了，我一點也沒有祢兒女該有的樣式，更不配被稱為宣教士，我實在辱沒了祢的名。我不知道我自己是誰？不知道我的文化價值觀是對的，還是華才他們的文化價值觀是對的？我不知道要怎麼活下去了？我把自己都交給祢了，祢要做甚麼都可以，只求祢幫助我，改變我！」神終於等到我完全降服的時刻，我終於對自己徹底失望，願意把我「一切」的主權都交給祂了！祂現在終於可以開始在我的生命中做那深深的拆毀與重建的工作了。我的盡頭，卻是神奇妙工作的起頭！

默想與討論

1. 你的生命中曾經遇過很大的困難或苦難，使你覺得好像走到自己的盡頭嗎？請分享。

2. 你覺得神為何容許這些發生在你的生命中？

3. 你滿足你目前的屬靈狀況嗎？你願意把生命的主權完全交給神，請祂在你生命中工作嗎？

16

他們在吸我的血

華才除了在 SIM 印度東北辦事處服事以外，也在席隆當地的一個宗派的神學院教學。他希望搬到神學院的宿舍，好讓他有更多機會服事及幫助神學生。所以當我在 2009 年五月出差時，他和孩子們就搬好家，住進神學院的教師宿舍了。

這個神學院離市區很遠，是在比席隆市（海拔約六千英尺）更高的山上村子裡，海拔約八千英尺。從神學院走到能叫計程車的地方約有二公里，但是走一小段路就能進入無人居住的山區。我已經逐漸習慣有姪兒姪女同住，因為現在的住家離市區很遠，所以來暫住的客人也大幅減少。我開始有時間及空間更多的獨處思考，我常常走到山裡，看著山景（這裡是喜馬拉亞山脈的東側），詢問神：「我到底出了甚麼問題？為甚麼我會走到目前的

光景，婚姻觸礁，身心靈疲憊，甚至很憂鬱？求祢光照我，幫助我！」

有一天，在獨處時，神問我：「你為甚麼覺得他們在吸你的血？」我答到：「當然囉！這麼多的姪兒姪女要我們撫養教育，加上要幫助許多親戚及客人，薪水都不夠用了，也要把我們的儲蓄用光了，當然是在吸我的血！」神又問我：「你們在非洲的年間，我有信實地供應你們的需要嗎？」我想了想，「嗯，神的確信實地供應了我們的需要。雖然不是豐豐富富，但也都夠用。」神又問：「那你相信我今後也會信實地供應你們嗎？」我想：「理論上應該是會吧！」於是，神問了最後一個關鍵問題：「那你是在信靠我的信實，還是倚靠你自己的儲蓄？」我突然發現，原來這麼多年來我一直在倚靠我的儲蓄，所以當存款愈來愈少時，我的心就開始淌血。我居然一直在拜瑪門（金錢），而自己卻不知道。我以為當我被神呼召時，我已經全然委身奉獻自己給神了，卻不知道在自己內心的深處仍有黑暗之處，我並不是真的全心地信靠主！神又光照我，讓我看見這個罪源自於何處？

我就是台灣的產物，從小以來的成長期間，父母不斷諄諄教誨我們：「要好好念書，賺大錢，要儲蓄。萬一打仗了，萬一飢荒了，萬一……，只有錢是靠得住的！」所以台灣人很重視賺錢拿去儲蓄，我也不例外。我雖然沒有違背神的呼召，去找能賺大錢的工作，但是儲蓄和倚靠金錢的世界觀卻仍然深植我心。我於是跟神認罪，也求神幫助我從金錢的捆綁中被釋放出來。

當姪女完成十二年級的學業後，進入護理學院就讀，需要住校。所以我們又收了一位姪兒和一位外甥來我們家住，以便讓他們在席隆上學（席隆是印度東北的教育中心）。我們也得繼續供應姪女的學費及一切開銷，所以我們總共要撫養及教育五個孩子（包括頌恩）。我從十五歲離家到台北念高中開始，養成每天記帳的好習慣，每天大大小小的開銷都好好記錄下來，才不會把父母辛苦種田得來的錢給浪費了！記了三十年的帳，現在每天看著帳簿上：今天姪兒的學費多少錢，姪女的住宿費多少錢，外甥的制服多少錢，買菜多少錢⋯⋯，我的心又開始淌血。我發現我不能再記帳了，否則我絕對無法從金錢的捆綁中被釋放出來。所以我在記帳本上寫下：「主啊！從今以後我不要再記帳了，不要由我來管錢了。請祢來管理我們家的財務，我都聽祢的，祢要我幫助誰，我就幫助誰。祢要我花，我就放心的花錢。我相信祢會供應我們一切的需要。」畫上一個大句點後，我就把帳本收起來，從此不再記帳了！感謝主！雖然每一天還是會有一些掙扎，但是祂幫助我漸漸地從金錢的捆綁中被釋放出來。當我又開始憂慮錢不夠用或孩子們的開銷很大時，我就求神幫助我，再次定睛在祂信實的屬性上，學習再一次信靠祂。

十幾年後的今天（2022 年），我回過頭來看，神真的非常信實。我們真的從來沒有缺乏過，也還有餘下的錢可以蓋一間小木屋（之前的 18 乘 24 英尺的小木屋已經送給華才的弟弟了），讓我們在 2015 年回賽哈時居住！祂的供應是超過我們所求所想的！除了頌恩以外，其他的孩子都很少生病，沒有甚麼大意外或

遭竊等，神不只供應我們的需要也保護了我們。而我們養育的姪女已經在賽哈的教會醫院作護士好幾年了，也結婚生子了；第一位姪兒大學畢業後，到蒙古念研究所及宣教，現在正在新加坡接受神學裝備，預備以後宣教；另外一個姪兒完成碩士學位後，移民到澳洲去了；那位外甥正在念博士班；最後支持的一位姪兒還在念大學；另外兩位回到自己的父母那裡。

　　華才的人生原則是建立「人」，而不是「房子」。所以至今我們沒有一間像樣的房子，只有在賽哈蓋了一間木板牆鐵皮屋頂的小屋子。從華才單身時開始到後來我們結婚以後，靠著神的恩典，我們已經幫助了二十多位年輕人，完成他們的學業或其他的訓練。我們實在有幸能陪伴這些年輕人，在他們成長的過程中與他們同行一段路程，助他們一臂之力。看見他們願意抓住機會，努力向上，不被毒品及酒精等所俘虜。他們也願意信靠主，走在主的道路當中，甚至有一位願意獻身宣教服事主，實在感恩。雖然我犯了很多錯誤，以前常常責備他們。但是當我被神光照知罪之後，請他們饒恕我，他們都願意饒恕我，使我更加羞愧。但也再次感謝主的恩典，讓我從金錢的捆綁中被釋放，得自由！其實華才的家人一直是非常地愛我、接納我、尊敬我的，從來沒有一個人對我饒舌過。

默想與討論

1. 你如何看待金錢？你覺得要多少錢才能讓你覺得足夠及有安全感？

2. 你倚靠的是金錢，還是信實供應的神？

住在家的孩子們。（2009 年合影）

我們一家。（2016 年合影）

17

我為何先祝福你？

　　回到印度東北席隆事奉後，我常常抱怨：「我為甚麼得要撫養這些親戚的孩子？他們憑甚麼這樣要求和期望我撫養他們？他們自己的父母為甚麼不負起應當負的責任？我的父母辛苦種田，他們靠自己努力把我們五個兄弟姊妹撫養長大又讓我們受教育到大學。而印度這裡的親戚們怎麼可以這麼不負責任？我們又不是搖錢樹，我們的資源也很有限，為甚麼要分給他們的孩子？」越是這樣想，越覺得自己是受害者，也越討厭他們，討厭這個社群文化。

　　但是在我走到自己的盡頭，而把自己交給神以後，神開始一個一個地對付我心中那些不合神心意的價值觀。就像剝洋蔥一樣，剝下一層後，裡面還有一層。神知道該在甚麼時候，該從哪

裡開始對付我生命中哪個部分的問題。有一天,我又在抱怨為何要撫養姪兒姪女時,神問我「我為甚麼先祝福你?為甚麼讓你出生在太平富裕的台灣,給你一對愛你的父母,讓你有機會受高等教育?我若容許你出生在印度東北的貧窮鄉下,而讓你的姪兒姪女出生在台灣,現在會是甚麼景況呢?」我突然被光照,知道如果我們出生的地方對調的話,那就換成我要來求他們收留我住在他們家,讓我有機會受教育囉!而我能出生在太平富裕的台灣,也不是我做了甚麼了不起的事所配得的,這一切都是神的恩典!就像神揀選亞伯拉罕,先祝福他,好叫萬國要因他得福。所以神先祝福我,是要讓我有一天能成為其他人的祝福!但是我卻把神的恩典當作是理所當然的,還以此驕傲,看輕別人,不願意分享,想把神的恩典全部獨享。我真是太傷神的心了!我求神赦免我,也求神不斷提醒我:「我今日成了何等人,都是蒙了神的恩才成的。」

其實,華才以前也是因為許多人的樂意分享才能受教育的。他從小就和小舅、外婆同住,小舅用他教書的微薄薪水供應他讀到大學畢業,而念高中時,他也需要借住在小舅的朋友家。因著社群文化中非常實際的彼此相愛,彼此幫助,才讓許多貧窮家庭的孩子有機會受高等教育。出生在富裕的台灣,很難了解印度東北的貧窮程度。在台灣即便是農人也能有經濟能力送孩子上大學,特別是公立大學。但是在印度東北的農人連生存都有困難,更不用說要讓孩子受高等教育了!

雖然我們需要降低生活水平，以滿足所有孩子的教育及各方面的需要，但是卻是很值得的。有一次收到朋友從台灣寄來的鳳梨酥，一盒裡面的數量實在有限，我很久沒吃到台灣好吃的點心了，實在很不想分享給家裡的所有孩子，華才看出我的為難就說：「你自己吃吧！這對你而言是家鄉味，但對他們而言是第一次吃到這樣好吃的點心。」他這話讓我很慚愧，為甚麼我連吃的都沒有辦法捨呢？我實在太自私了！再仔細想想，其實我若全部留著自己享用，可能就會膽固醇過高了，所以分享還是比較好的。分享著大家一起吃，東西也會變得更好吃！

　　印度東北有一種水果叫波蘿蜜，很大一顆，很好吃。但如果放到隔天就會壞掉，即便放在冰箱裡，也會變得不好吃。剝開後，一個人吃不完，一家人也吃不完，所以需要和鄰舍分享。和大家一起吃著波蘿蜜，一邊話家常，真是一大享受。也許神就是要用這種水果來教導我們分享的真理，分享的食物特別好吃，分享的愛也特別多。

　　華才跟我說了一個他祖父的故事：「有一次，我祖父去村外的穀倉拿穀子，快到的時候，聽到他的穀倉裡有聲音，他就趕緊躲起來。等到那個來他的穀倉偷穀子的人走了，他才從躲藏的地方出來。他回家很自責地對家人說：『為甚麼我不知道我的村子裡有人沒有飯吃？我應該早點知道，把穀子送到他們家去的，居然讓他羞愧地來偷拿穀子！』」我聽完之後，心裡想：「如果這事發生在台灣，我們大概會很生氣，一定會把偷穀子的人抓起來送到警察局吧！」這是何等大的差異啊！他們雖然沒有許多富裕

國家享有的現代用品，但是卻可以如此為彼此著想，也樂意分享。他繼續說：「我父親從來不覺得他是貧窮的，他沒有冰箱、電視、漂亮的床等，但他覺得：他有田地、有飯吃、有衣服穿、又有能力可以分享給別人，他是富裕的。」反而是我們許多生長在富裕國家的人，永遠覺得自己擁有的不夠多，更不用說去分享了！他們的文化是「富有的文化」，反而我們的文化是「貧窮的文化」。其實，貧窮與富裕不是看我們擁有的有多少，而是看我們願意分享的有多少，就如主耶穌所說的寡婦奉獻兩個小錢的故事一樣！

　　被神光照教導後，加上越來越了解社群文化中合乎聖經的部分，特別是很真實的彼此相愛的部分，才更深地了解約翰一書三章 18 節所說，「小子們哪，我們相愛，不要只在言語和舌頭上，總要在行為和誠實上。」我實在有太多需要從華才的社群文化中學習的功課！

默想與討論

1. 你會因你的民族、國家、教育背景、財富、家庭背景、外表等而自豪嗎？你成為今天的你，擁有的一切是從何而來？

2. 神為何要先祝福你？你要如何使用神給你的祝福？

18

你先生的才幹是甚麼？

　　華才的個性和我有非常多的不同：我是個急驚風，他是個慢郎中；我看待人事都先從負面的看，他則是從正面的看；我有節儉的美德，他有慷慨的美德；我是凡事按部就班，有條有理，他則有很多點子，常常想到就做；我的書桌是整整齊齊的，他的書桌則是一團亂；我是搬家一個月前就開始打包的人，他則是到前一個晚上才開始打包，有時候把我打包好的全部重新整理；我是有衝突就馬上想說清楚解決的人，他是個燜葫蘆，有衝突時，他可以三天不跟我說話。所以你可以想像，我們的婚姻關係會有多少摩擦和衝突。

　　我是每天早睡早起的人，但他常常因著忙碌，而不睡覺連夜趕工。有時候我九點上床睡覺，他還在電腦前面苦幹。我十二點

113

起來上廁所，他還在那裡工作，我二點起來上廁所，他還在那裡工作，我四點起來上廁所，他還在那裡工作（我以前很頻尿）。我每次經過他的書房，就要唸他一次，「怎麼還不睡覺！」然後我再回到床上，就很難再入睡。所以若他整晚沒睡，我也睡不了多少。我如果睡不好，隔天就很容易發脾氣。我常常因著這件事跟他吵，甚至威脅他：「醫生說你有頸椎和腰椎骨刺，不能長時間坐在電腦前面工作。如果你再不好好的照顧自己的身體的話，以後你老了，我也不要照顧你！」他很生氣地回答說：「不用你照顧，我的姪兒姪女會照顧我！」

　　有一天，我猜神實在看不下去了，祂問我：「你先生的才幹是甚麼？」我答道：「那還用問，他是個寫詩、寫文章、寫書、作曲作詞的人！」（現在才想起，我婆婆是個詩人，姪兒也是，連頌恩也是！真是好遺傳啊！）回答完後，突然醒悟過來，像是給自己打了一巴掌，突然驚訝得不得了：「我居然嫁了一個藝術家，這麼長久以來我卻都沒有了解到這個事實。我甚至嘗試了十多年想要把一位藝術家，改變成像我一樣有條有理按部就班的行政人員！難怪他每次靈感來的時候就停不下手，一定要寫完才休息或吃飯！難怪他的書桌是那個亂中有序的樣子，做事是隨興的，因為靈感來了。」以前覺得他很奇怪的地方，都得到了解釋，因為神給他的才幹是會和他的個性相配合的。他不是「奇怪」，他只是「和我不同」而已。

　　我一直以我的「長處」在比他的「短處」，但我所以為的長處和短處只是從我的觀點來評斷的。我並沒有學習去認識他的本

相，也沒有按照神創造他的樣式去接納他。我只是一味的想要把他改變成我要的樣子，就是我的樣子。因為我認為我的樣子才是好的，才是對的。我常常輕看他的意見，認為我的意見才是對的。我沒有去欣賞他的見解和他的才幹，只是一味的打壓他。我把他當成對手，而不是當成隊友。神讓我看見，我以為的長處並不一定是長處。比如：我做事說話都很快，連回電子郵件也很快，一寫完馬上寄出去。結果因為沒有好好三思而後寄，而犯了許多錯誤。也因為沒有三思而後說，而常說一些收不回來又傷害人的話。反而像華才一邊說話，一邊思考，他要講的每一句話，都一再思考後才出口。所以他雖然說話很慢，卻很少犯錯誤，很少傷害人。反而他常常得幫我收拾殘局。

有一次，在 SIM 印度東北的月禱會上，我只是想要說：「宣教士們不太懂得看他們自己的財務報表」，卻因為一時的情緒，加上沒有好好的思考就說出傷人的話，我說：「宣教士真的很笨，連自己的財務報表都不會看。」事後華才幫助我看見我說錯話了，我還得一個一個的向當天的與會者去道歉！實在難為情啊！

有一次，跟華才吵架的時候，說了一些不該說的，不尊重他的話。我跟他說：「你『這個人』實在是……」，我在氣頭上，去上廁所時還繼續跟神告狀。神突然對我說：「『這個人』是我的兒子，你知道嗎？」就好像神在責備亞倫和米利暗：「你們毀謗我的僕人摩西，為何不懼怕呢？」（民 12:8）我突然覺得很得罪神，我怎麼敢用那種態度對神所愛、所寶貝的兒子說話呢？我

經常忘記我的先生、孩子們、同工、鄰舍等，都是神按祂的形像所造的人，是主耶穌為他們上十字架的人，是神所愛、所寶貝的人。以至於忘了去好好的認識、了解他們，忘了學習按主造他們的樣式來接納他們、尊重他們、愛他們。

被神光照責備之後，我開始學習按神造華才的樣式來接納他，並欣賞神賜給他的才幹智慧。請他來吃飯時，他若說：「等一下。」那我們就自己先開動了，他做完事就會自己來吃的，飯菜涼了也沒關係，再熱一下就好了。他若整晚不睡覺，就由著他，我自己先去睡了。我不再為了一些生活習慣跟他吵了，我學習我的第一個責任是去愛他，而不是去改變他。若他需要被改變，那是上帝的責任，不是我的責任。而且是改變成上帝要他成為的樣式，不是我要他成為的樣式。從此，我的擔子就輕省多了，婚姻關係也開始好轉！實在感謝神對我的管教！

默想與討論

1. 請分享你的配偶（或一個親近的朋友、合作密切的同事或同工等）的性格及長處？也請分享你自己的短處。

2. 你曾用自己的長處去比較別人的短處嗎？要如何避免這樣的問題？

19

為甚麼我的孩子
這麼不聽話？

　　「我到底做了甚麼錯事，神為何把這麼不聽話的孩子給我？」
當頌恩不聽話時，我常常向神這樣抱怨著！有一天，我又在抱怨
頌恩不聽話了，華才對我說：「我覺得他很像你！」我馬上反駁
說：「才不是呢！他是像你！」我和頌恩在家裡出現的對話通常
是這樣的：

　　我說：「頌恩，來洗澡！」

　　頌恩答：「不要。」

　　我說：「頌恩，去掃地」

　　頌恩答：「不要。」

　　我說：「頌恩，來吃飯囉！」

　　頌恩答：「不要。」

我真的會被他氣得跳腳，但又拿他沒辦法。所以我開始看一些教養兒女的書，其中有一本提到：「孩子的行為通常是複製父母的。」當我讀到那裡時，神突然問我：「你覺得你的孩子像誰呢？」忽然我的眼前像電影螢幕一樣，我和華才的對話景象一幕幕出現在我面前。

華才問：「我們回蘇丹工場好不好？」

我回答：「不要！」

華才問：「我們回印度東北去招募宣教士好不好？」

我回答：「不要！」

華才問：「我們搬到席隆的神學院去好不好？」

我回答：「不要！」

華才問：「我們搬到 SIM 印度東北辦公室的所在去住好
　　　　不好？」

我回答：「不要！」

我對華才的任何提議的第一個回應幾乎都是「不要！」，我終於知道「為甚麼我的孩子這麼不聽話」了，他真的複製我到了完美的程度，真是有其母必有其子啊！神用這個孩子像鏡子一樣照出我生命中的問題，我才發現自己一點也不順服、不尊重我的先生。難怪，頌恩不順服爸爸也不順服我。

神又讓我看到這個問題底下更深的根源，我真的很像我媽媽。我從小就覺得父親很可憐，我不喜歡媽媽對待父親的樣子，可是我卻不知不覺複製了媽媽的樣子。我也想在自己的家中作主，我不順服先生也不尊重他。有一次，華才（他有舊約神學博

士的學位）問我：「你覺得我有一點點智慧嗎？」我常覺得我的世俗學歷比他高，又出生在較先進及富裕的台灣，我當然比他聰明又比他有智慧。但卻不知道我的驕傲表現在我每一天的行為舉止和態度上，已經深深影響到頌恩，讓他學到的是不必尊重和順服父母。神又問我：「你的媽媽不信主，她不能改變自己。但你是我的孩子，你要我改變你嗎？」我跟神認罪悔改也請祂改變我，幫助我可以尊重華才，並順服他。

　　我也求神打開我心中的眼睛，幫助我看得見華才的智慧。我漸漸看見他真是一位有智慧又合神心意的人：他深思熟慮，凡事為別人著想，說話非常謹慎，想盡辦法要成全人，給別人機會。記得我們結婚前，他告訴我：「我不介意和蘇丹的黑人一起伸手從一個碗中拿取食物！」他沒有種族歧視，在西方人面前也不會自卑。他很尊重每一個人，不管膚色、尊卑貴賤、貧富、年紀大小，他都真誠地待他們，尊重他們。即使和他敵對的人，他都會找機會去拜訪他們，找機會對他們行善。有人有需要時，他一定會盡力幫助他們。他想的是：「我可以為神的教會做甚麼，而不是我可以從神的教會得到甚麼好處。」越認識他，我就越欣賞尊重他，不知道為何以前都看不到他的這些優點呢？我實在被我的驕傲弄瞎了眼睛，不知道珍惜神所賜給我的寶貝先生！

　　跟神認罪之後，我也跟華才認罪，實在看見我過去的驕傲，使他受到許多來自我的傷害。我也跟頌恩說：「對不起，媽媽沒有給你作個好榜樣，因為我沒有按照聖經所教導的尊重爸爸，也沒有順服他。我們現在開始一起學習按照聖經教我們的做，你也

要學習尊重並順服父母，好嗎？」頌恩點頭表示同意，之後我開始處處留心我的言行舉止與態度，學習尊重及順服華才。漸漸地，頌恩也開始有改變，不再像以前那樣不聽話了。實在感謝神對我及我們家的憐憫和恩典！

主幫助我們成為彼此欣賞、
彼此順服的一家人。

默想與討論

1. 你的孩子比較像誰？（對單身或沒有孩子的人：你比較像你的父親還是母親？）你從你的孩子（或父母）身上看見自己的哪些缺點？

2. 當神提醒你在孩子、配偶、父母、朋友或同工身上所犯的錯誤時，你是否願意謙卑地道歉？

20

若我沒有允許……

　　在過去的二十多年，我們不斷地換工場，在一個工場最多不會停留超過六年！而在同一個工場時，也常常在搬家。每一次要換工場前，我都要打包，處理帶不走的東西；說再見；幫頌恩有一個好的結束。換到新的工場後，華才都能馬上投入事工，他的角色任務一直都很清楚，他從來沒有適應上的困擾，他可以不費力地和人做朋友。而我卻要重新開始一切：把行李打開，把東西放在該放的地方；開始尋找及採買我們需要的家具及用品；幫頌恩找學校，幫他找小朋友跟他玩，幫助他能在新的地方定下心來；自己要開始學語言及文化；要認識新同工及當地人；開始找我的角色及定位……。每幾年我們就要調換一個工場，所以每幾年就要像上述的流程重新走過一次，實在非常消耗我身心靈的力

氣，讓我覺得非常疲累。不僅是換到新的工場，華才會在同一個工場，一再地因著不同的原因要我們搬家。在同一個工場才待幾年，而在那短暫的期間又要搬家二三次，我如何不身心耗竭呢？

我常常心裡抱怨他，想著：「我會這麼累，都是他害的。他為甚麼要一直換工場，一直搬家呢？他為甚麼就無法體會我的困難呢？」有一天，當我又這樣抱怨著，神對我說：「若我沒有允許，他可能帶著你們到處換工場搬遷嗎？」我才明白神才是我們家真正的領袖，華才是敬畏神的人，如果不是主的許可和引導，華才根本無法帶我們搬來搬去！我怎麼可以抱怨華才呢？

從那時起，我把抱怨轉為禱告，我的禱告是：「主啊！若不是從祢來的，求祢把那些想搬遷的念頭從華才心中除去。若不是祢的旨意，求祢把搬遷的門路關起來，讓我們搬不了！」我也學習：若是真的知道是主的旨意要搬遷的話，那我就甘心接受與順服，學習逆來順受。

因著我常常為了要搬遷而抱怨，頌恩也學了我這個壞習慣。他因為搬遷而失去朋友，更讓他不高興，抱怨更多。有一次，他又在生氣抱怨要到處搬遷時，我跟他說：「頌恩啊，不要忘記爸爸是歸神管的，如果神不許可，我們也搬不成。所以讓我們一起來學習接受現實，也看看在新的地方，神要給我們甚麼祝福。別人想要到處旅居都沒機會呢！而我們卻可以在不同國家和不同的地方居住，那豈不是可以有很多不同的見聞和經歷嗎？所以讓我們順水（神的旨意）而流吧！」當我被神糾正後，學習改變自己的態度，而頌恩也因此可以開始用正面的態度去面對搬遷。最

近（他目前在台灣上大學），跟頌恩聊到宣教士子女的挑戰時，他說：「宣教士子女常常不能自己決定要去那裡，都得跟著父母走，常常換地方就得常常換朋友，實在有很多挑戰。但是也可以有很多不同的閱歷。」我問他：「在這許多的挑戰中，你是如何面對的？」他回答說：「總不能一天到晚哀聲嘆氣啊，總要用正面的態度去面對！」感謝神，上梁（父母）正了，下梁（孩子）也會變正的！

這是全家人的旅程，從一國遷徙到另一國。

默想與討論

1. 你會對先生或太太的決定（對單身者：父母的決定）感到
   不滿嗎？

2. 有甚麼可以幫助你處理這樣的情緒？這一章給你甚麼提
   醒？

21

草木禾稭的事奉

　　因為我們要在印度東北推動普世宣教，所以華才需要到印
度東北的各個邦去拜訪教會領袖，然後跟他們簽下合作協議書。
我們也常常要到各地的教會去分享宣教的信息。因為家裡的孩子
們需要上學，所以我只能和華才輪流出差，若遇到較長的寒假期
間，我們就可以全家一起出差。有時候宗派的聯會舉辦三天的宣
教大會，讓我們去對教會領袖做宣教訓練；有時候則是他們的青
年宣教大會，讓我們去講道，鼓勵年輕人獻身宣教；有時候是地
方教會的宣教年會或是宗派辦的宣教士退修會，邀請我們去分
享。通常這些訓練、青宣大會或退修會大約有三天，會安排十幾
堂的時間做分享或講道。若是只有我們其中一人出差，那個人就
得要全包。

印度東北的眾教會都很尊重宣教士，特別是海外回來的宣教士，加上我是外國人，他們真的是盡其所能地熱情款待我們。邀請我們的教會都會準備非常豐盛的飲食，也會派專人招待我們，陪在我們身邊。當我一個人出差時，有些地方的教會還會派一位姊妹和我同住，怕我一個人孤單。我很喜歡去加羅山區講道，因為他們非常熱情，對宣教也非常有負擔，是差派宣教士的好土。他們舉辦宣教大會或年會時，會有非常多人參加（有時候會是上萬人），所以他們通常找稻子收割之後的時間，一方面是農閒時期，方便大家參加，另一方面是空曠的田地可以當作大會的會場。他們會搭棚子，上面蓋上稻草遮蔭。與會的弟兄姊妹則按著堂會自己搭帳篷，自己做飯。這樣的會場通常會選在有小溪流的旁邊，所以大家都去小溪裡洗澡，區隔出一邊是給弟兄用的，另一邊是給姊妹用的。有一次，頌恩和姪兒也跟我們去參加大會，他們兩個不要跟我們睡在大會場旁邊的教室，反倒去堂會的帳篷裡睡稻草堆。結果頌恩還得了乾草熱（hay fever），幸好隔天就是返家的時候，我還有別的行程要參與，只好讓華才自己帶他們回去看醫生。

在這些大會中事奉，是我在印度東北席隆服事時的高潮，是我最快樂的時候。但是回到家之後，又要面對許多不同的壓力，又會落入憂鬱的模式。有一天，神問我：「為甚麼你出去講道才快樂？一回到家就又不行了！」我回答神：「那當然囉！在外面講道時，很多人會給我掌聲，謝謝我的講道讓他們很得激勵，甚至因此願意獻身宣教！但是回到家裡，我做的一切事都被當作是

理所當然的，只要出錯時就會被華才罵。」神又問我：「那你是為誰而事奉呢？」我突然發現我是為了人們的掌聲而事奉，我是在尋求自己的榮耀，建立自己的國度！突然「草木禾稭的事奉」這幾個字出現在我面前，我哭了！我現在才看見我過去的事奉在神面前都像草木禾稭的事奉一樣，在神審判的火中都要全部燒毀的，因為我不是專一全心地為神而做的。我跟神認罪，求神赦免我，我不應該繼續用錯誤的態度做草木禾稭的事奉了！

神又讓我看見這個問題的根源，那是在我成長的家庭及社會背景下造成的。在台灣的升學主義之下，我們一直要用成績證明我們的價值。當我們的成績好，父母就會高興，覺得光榮，肯定我們，若成績不好則覺得讓父母羞愧，我們也就似乎沒有了價值，不被愛了！所以信主以後，也覺得好像必須用事工來贏得人和神的肯定及愛。這樣的成就導向也出現在生活中的許多面向，比如：當我煮完飯，大家吃飯時，若華才吃了一點後就說：「我今天不太餓。」我就會覺得自己做飯手藝很差，很難過。每一次吃飯時，都要問他好不好吃，看他的臉色如何。我的價值就這樣每一天因著我的表現而上上下下，實在很累。

神告訴我：「當你被文化衝擊給震碎時，你活得一點也不像我的孩子時，我也一樣的愛你。就算今天你病了，甚麼都不能為我做了，我還是愛你啊！」神無條件的愛霎時間讓我有很深的平安，我才真正體會到：「我不需要汲汲營營地努力想要取悅神以得到祂的愛。祂一直都是愛我的！」我可以在祂無條件的愛裡安息，這個體會把我從成就導向的捆綁中給釋放了。我的心中好感

恩也好安心。

以前因為對自己的價值沒辦法肯定，常覺得自己不夠好，常批評自己。當我對自己不滿意，不能用神的眼光接納自己時，我看別人也一樣不滿意，無法無條件地接納他們。我常對先生和孩子們挑剔、批評，我不快樂也弄得周遭的人都不快樂。有一次，華才跟我說：「你出差不在家的時候，我們都好輕鬆，好快樂喔！你一回來就把整個家的氣氛弄得很緊張。」我當時不能接受華才的話，當神光照我的罪以後，我才明白他的意思。因著我的問題，讓我周圍的人那樣的受苦，實在讓我慚愧！當我漸漸在神的愛中經歷祂的安息，就越來越能用神的眼光接納自己，也漸漸能用神的眼光接納別人。因著我心中逐漸有安息及與自己和好了，我們家裡的氣氛也就漸漸變好了！感謝神，祂幫助我從成就導向的捆綁中被釋放出來，也救了我們家裡的人，讓他們脫離我的挾制！

默想與討論

1. 你在事奉神嗎？你為何要事奉神？這一章給你甚麼提醒？

2. 「你的價值」是建基於甚麼？

接待年輕人到家中來用餐。

孩子也吃得開心。

22

她對我們的文化
一點都不了解

　　有些人問我：「當你在承受那麼大的文化衝擊時，你的差會沒有幫助你嗎？」其實差會嘗試用各樣的方式幫助過我們，但是都不得其門而入。

　　2007 年，我們結束在非洲的事奉，決定回印度東北事奉前，我們先到差會在新加坡的辦公室做述職匯報（debriefing），其中一項是要去看心理諮商師。諮商師問我對於回去印度有沒有甚麼壓力，我跟她說：「我真的很害怕回去，因為過去的一些經歷，實在不知道要如何面對華才大家族的需要。華才又是很有責任感的人，他很愛家人及親戚，所以他會想幫助所有來求他的人。」我很希望諮商師可以幫助華才學習有界線的生活，不要把自己當

作酋長一樣,覺得需要幫助所有的人。她也單獨和華才談,華才和諮商師談完回來之後,非常生氣地說:「她對我們的文化一點都不了解,憑甚麼那樣說我的家庭!你為甚麼要向她說我們的家庭狀況?這是我們自己家裡的事!」後來我又有幾次機會和其他心理諮商師談,不過結果都是一樣。她們都覺得唯一的解決辦法是要有界線,特別是太太已經受不了這種沒有界線的文化時,先生應該為了保護太太而劃清界線。差會和母會的領袖也同樣地試著幫助我們卻也幫不上忙,因為他們同樣不了解華才的社群文化。

現在回過頭來看,才發現一般我們看的心理諮商師,他們所受的訓練都是西方的訓練,而他們自己的成長文化也是比較西化的,所以很缺乏對社群文化的了解。你怎麼能對一個沒有界線的社群文化的人要求他劃清界線?這等於是要他把自己從他的族群切割出來,因為其他族人絕對不能接受他的做法,而他自己也會無法接受自己。社群文化最重視的是「我們」而不是「我」,「我」之所以能存在,是因為有「我們」的供應、保護及相愛。劃清界線之後,活在只強調「我」的世界裡,那「我是誰呢?」,因為「我」所站立的根基「我們」被拿走了,就會出現「自我身分認同的危機」(Identity Crisis)。

在過去的社群文化的社會中,有戰爭、飢荒、婚喪喜慶等,這一切都不是單獨的「我」能應付的。每一個人都需要整個族群的「我們」,彼此幫助、彼此保護及彼此之間的愛才能存活下來。比如:以婚姻為例,男方家同姓宗室的人需要一起合作才能

給出足夠的聘禮。女方家則會把這些聘禮分配給許多女方的親戚，收到聘禮的這些親戚都有責任，在新娘將來有困難時伸出援手。所以他們用婚姻的文化緊密地連結所有人，最後整個族群可以說就是一家人。因此在社群文化中看不到無家可歸的人，沒有乞丐，沒有人因為貧窮而不能就醫，孩子們也是大家一起撫養的。

比如：在台灣，我根本不認識我姊夫家或弟媳家的親戚，更不用說要幫助他們了！但是在華才的族群中，我需要認識及尊重我妯娌的家人及親戚、小姑夫家的家人及親戚，需要接待他們，在他們有困難時也要幫助他們。第一個來我們家住的姪女，是我婆婆的姐姐的孫子的女兒，從我公公這邊算的話，關係就更遠了。但是因為姪女的父親曾經在華才的家中借住過二年，所以跟我們的關係就很親近了。這樣的親戚關係在台灣的話，我們根本就不會彼此認識的，也不會彼此幫助的。但是對他們而言，這樣的關係卻是很親近的！

在社群文化中的另一個優點彰顯在辦喪事的時候，社區的墓地是免費的，當有人過世時，社區的年輕人會主動去挖墓穴，婦女們會到喪家為大家（喪家，來慰問的親戚及來弔喪的人）煮飯，很多人會到喪家去安慰他們，教會也會幫忙舉辦追思禮拜及喪禮等。在台灣，要辦喪葬是非常昂貴的，但在華才的家鄉，上述一切喪葬事宜都是免費的！

因為我們是跨文化的婚姻，加上是較西化的太太住在社群文化的先生的地方，因此太太就會出現許多適應的困難。但是反過

來的話，當華才來住在台灣時，他的適應就沒有那麼困難，加上他的個性是到處都可以適應的，所以住在台灣實在對他是輕而易舉的事。聽說像我們這樣跨文化婚姻的搭配，又住在夫家的社群文化中的成功率很低。有些夫婦嘗試過，但後來多數都得離開社群文化的先生家鄉。於是差會的領袖看到我的適應困難時，也建議我們要不要考慮搬到印度平地其他的大城市。但是要做印度東北的差傳事工，若住在平地的大城市就太不方便了，因為地理上太遙遠了。

我其實很感謝差會用盡各樣的方式想要幫助我們，雖然使不上力，他們的心意我都領受到了。更要感謝的是華才的堅持，因為他堅持不劃清界線，繼續遵循他們社群文化裡的好客及彼此幫助，才能讓我能真正走到自己的盡頭，才逼著我完全放棄自己的掙扎，無條件地轉向神，讓神開始接手我的生命。在被破碎的過程中，我常抱怨華才不了解我的困難，但是他又怎麼有能力了解呢？就像這些心理諮商師無法了解他的文化一樣，他也同樣無法了解我這種個人主義，只顧自己的較西化的文化。（或者說：他其實了解西方的個人主義文化，但是社群文化卻比較合乎聖經的教導。）他不是在台灣生長又不是女性，怎麼可能了解我呢？而我對他及他們的文化是不了解、不尊重、又不接納，才使我最後完全無法適應而絕望。

但是感謝神，神的意念高過我們的意念，在祂並沒有「意外」或「失誤」！這樣痛苦的歷程交在神的手中，卻變成了我另一個「重生」的機會。神為我精心挑選了這樣一位不對我讓步、

不讓我做家裡的頭的先生（在台灣二千多萬人口中找不到，要到印度十三億的人口中才找得到！），讓我在適當的時候回到了華才社群文化的社會中，好叫我生命中的渣滓可以開始浮上檯面，讓我開始看見我生命中原來有那麼多不合神心意的世界觀、價值觀及態度等。祂才能開始破碎、拆毀、毀壞這些隱藏在我生命深處不合祂心意的東西，再重新建立起合祂心意的價值體系，好叫我能從許多的捆綁中被釋放，開始漸漸擁有祂所應許的自由豐盛的生命！

印度的家人們。

默想與討論

1. 你的生命正經歷一些困境嗎？你願意尋求幫助（牧者、團
   契輔導、專業諮商或身心科醫師等）嗎？

2. 當上述的人士也無法幫助你時，你能轉向誰？這一章給你
   甚麼幫助？

3. 當你想要幫助人時，了解他們的文化背景有何助益？

23

有錢的出錢，有人的出人

我們設立 SIM 印度東北辦事處之後，華才到印度東北的每個邦拜訪宗派的領袖，看到很好的回應，許多宗派願意參與神的普世宣教。其實印度東北的各宗派很有宣教異象，很早就開始差派宣教士到印度其他的邦及印度的鄰國去宣教。因為宣教地點比較近，所以宗派的總會宣教部可以直接督導、管理及關顧。但是若要派宣教士到遠方的國家，他們就不知道怎麼做，因為沒有管道，又因為太遙遠了而無法關顧宣教士。所以他們很願意和 SIM 合作，一起差派宣教士到遠方。

但是他們覺得 SIM 的宣教士支持費對他們而言很高，比如：加羅山區的一位牧師的薪資可能不到三百美金，但是 SIM 的單身宣教士支持費卻需要將近一千美金，實在讓他們力不從心。就

算好幾個教會一起合作支持也很難達到這個目標，加上他們很難理解為甚麼宣教士的支持費要這麼高。我們得花許多時間跟他們解釋原因，才漸漸讓他們明白，但是他們還是募不到這麼高的支持費。最後神賜華才異象及智慧，他開始寫一個「SIM 印度東北宣教士補助計畫」，是一個五年預計差派五十位宣教士的計畫，預算是五十萬美金。我們希望印度東北的教會做他們所能做的：負責支付宣教士的薪資、退休金、回國述職的機票費、述職期間的醫療保險費、印度東北辦事處的行政費及部分的工場上的房租等。其他需要在 SIM 工場或東亞區辦事處支付的部分，就由這個補助計畫來募款補助。這樣大約是各有一半的財務責任。

我們需要啟動這個計畫的原因，除了印度東北教會的財力限制之外，還有一個很重要的原因是：印度政府有管制差會機構每年能夠匯出的美金上限。當我們有五、六個宣教士以後，就發現我們需要匯出的美金已經超出這個上限。所以我們只能要求印度東北的宣教士的差派及支持教會，負責支付宣教士可以在印度境內拿到的部分。我們讓宣教士在印度開銀行戶口，把他們的薪資匯到他們在印度的銀行戶口，他們再用提款卡在工場的銀行提款機提領現金。其他如退休金等等，則由 SIM 印度東北辦事處負責管理。而宣教士所需要的工場部分的房租，醫療保險、簽證費、事工費、語言學習費、年度工場退修會、SIM 工場、東亞區及國際辦公室的行政費等，都是要在印度以外支付的，就由印度東北宣教士補助計畫來募款補助。

當華才把這個計畫提到 SIM 東亞區的年度理事會議時，所收到的回應並不理想。有一些國家的代表無法理解，為甚麼印度東北的宣教士不能在印度東北募集足夠的支持費？為甚麼要其他的國家幫忙？這會不會造成倚賴的現象？這是 SIM 史無前例的案例，我們可以開始這樣的先例嗎？萬一沒有錢進來，這些派出去的宣教士是不是就要回國？與會者有各式各樣的理由反對這個計畫的通過，讓華才實在又生氣又挫折。但是 SIM 東亞區的主任林博士很認同這個的計畫，就希望台灣區的代表幫忙說幾句話來說服大家。台灣區的代表諸牧師發言表示支持印度東北的計畫之後，許長老也站起來說：「我們很多的東亞區國家有錢，但是找不到宣教士可以差派。而印度東北有許多宣教士願意出去宣教卻因為錢不夠而出不去。他們並不是全部都要倚賴別人，他們也盡他們所能的在支持，只是請其他國家幫忙不足的部分。神的宣教事工本來就是應該有錢的出錢，有人的出人，不應該區分「他們」及「我們」，而是「我們（主耶穌的普世教會，祂的身體）」一起做神的宣教事工，這樣一起合作我們才能完成神的大使命。這是神的工作，祂一定會供應。我們都在擔心沒有錢，但我們的差會理事會議應該是要考慮討論：『當錢進來太多的時候，我們用錢的原則、優先順序及管理辦法等』，否則等到錢多的時候，容易引起爭議。」他這席話說服了大家，通過了這個計畫，只是最後把五十萬美金的預算刪成四十萬美金。

於是我們開始與印度東北的教會及宣教士，一起學習信靠神的財務供應的旅程。在這過程中，華才是大有信心的，但我的

信心常常會起起落落。華才常說：「我在天上的父親是非常富有的，不用怕！」但是當我看著這個計畫的財務報表時，我的信心就跟著所剩餘的金額的高低而起伏。從這個計畫開始到現在，已經過了十四個年頭，印度東北辦事處也已經差派了近六十位宣教士，最資深的宣教士已經服事了近十四年，神的供應從來沒有短缺過。我已經算不清這十四年當中，對這些宣教士補助的款項加起來一共是多少？但不可否認的是：神是一位信實的神，祂呼召工人，祂也供應他們的需要！神使用華才和許長老作祂的器皿，使祂在印度東北所呼召的宣教士能回應祂的呼召，去到祂的工場使人作祂的門徒！我們只是觀看神偉大奇妙的作為，在其中參與一個小部分，然後目瞪口呆地見證神的信實及偉大！

默想與討論

1. 有甚麼會攔阻神的普世宣教工作？

2. 你對「有錢出錢，有人出人」的宣教合作模式有何看法？

3. 誰是宣教的主？天上地下一切所有的都屬乎誰？在神的普世宣教上，你可以貢獻甚麼？

印度東北準宣教士。

到機場為宣教士送行。

24

調兵遣將，調動萬有的神

　　SIM 印度東北補助計畫在東亞區的理事會議中通過之後，需要有錢先進入此計畫的帳戶中。SIM 國際辦公室很支持這個計畫，於是撥了三萬元美金給這個計畫，我們也把支持費累積的儲備金挪出一些經費給了這個計畫。感謝神，SIM 台灣區理事會給予我們很大的支持。當時的理事會會長是已故的諸牧師，許長老是 SIM 台灣區的理事。

　　以下是許長老告訴我的奇妙見證：「我們從 SIM 東亞區的理事會議回台灣之後，就把印度東北的計畫忘了。但是突然有人第一次奉獻給 SIM 台灣一大筆錢，諸牧師帶著我去拜訪，才知道奉獻者是一個基督徒的基金會。他們想把錢奉獻給真正有在為神做事的機構，於是那個基金會所信任的一個差會就推薦了 SIM

給他們。我們就想起印度東北的宣教士補助計畫，問他們能不能支持，他們說：『這個計畫的預算太大了，我們只是一個小小的基金會，沒有辦法支持這麼大的計畫。』過了幾天，他們打電話來，介紹一個較大的基督徒基金會給我們，叫我們可以去拜訪。我們於是去拜訪了那個基金會，基金會的執行長聽完我們的簡報之後說：『你們印度東北的這個計畫太小了，我們都是做上百萬美金的計畫。』我們聽了都傻眼了，一個基金會說我們的計畫太大，另一個基金會卻說我們的計畫太小了，我們只好打道回府。過了不久，那位執行長告知我們，她向他們的老闆報告我們的計畫，老闆表示願意支持我們二十萬美金，會在今年底之前把錢匯給 SIM 台灣。所以 SIM 台灣辦公室突然需要處理這二十萬美金的帳，真的像我在東亞區理事會時所說的：『我們都在擔心沒有錢，但是其實應該擔心的是當錢進來太多的時候，要用甚麼辦法及原則處理？』」

我們很感謝這個基金會對印度東北宣教士多年的支持。但是後來因為經濟不景氣，他們無法再像以前那樣的大力支持這個計畫。於是 SIM 東亞區領袖希望我回台灣為印度東北的宣教士募款，透過台灣區理監事們的幫助，我們提出「基甸的三百勇士方案」。我們禱告也鼓勵弟兄姊妹，希望找到三百位願意認獻的人，每人每年為印度東北宣教士奉獻一萬元台幣，若一個人有困難，也可以幾個人一起認獻。感謝神，透過這個方案也幫助了印度東北宣教士一段時間，但這個方案也漸漸式微。就在 2019 年底，因為諸牧師的過世，我便回台灣探望諸師母。諸師母也安排

她認識的創啟地區的一位姊妹在同一個時段來台灣，讓我們有機會碰面。那時候才知道那位姊妹以前就在新加坡的一個教會聽過我的分享見證，實在很奇妙。聽她的分享，才知道他們的教會雖然才開始二三年，但是非常有傳福音及宣教的心志，他們把絕大多數的教會奉獻都用在宣教事工上，實在令人佩服。她聽了我分享自己的見證及印度東北宣教士的需要，便願意支持印度東北的宣教士。從那時候起，他們的三個堂會就成為支持印度東北宣教士的主力，一直到現在。

誰能料想到，在創啟地區會有教會願意並且有能力支持印度東北的宣教士？在 2021 年中旬，因為新冠疫情的關係，我們無法舉辦實體的動員聚會，便開始線上的動員聚會。既然是線上聚會，我們就可以邀請在不同國家服事的宣教士當講員。於是我們邀請了一些資深的印度東北宣教士來分享他們的宣教呼召，不同工場的事工機會及宣教挑戰，宣教士的預備等等。而那位姊妹的堂會中的一些弟兄姊妹也參加我們的線上動員聚會，每次的分享都讓他們很感動也很受激勵。反而台灣的弟兄姊妹的參與性沒有預期的好，可能因為台灣的資源太多了，所以不太珍惜。感謝神，祂的工作真的很奇妙！那位姊妹的教會在財務上祝福了印度東北的宣教士，而印度東北的宣教士則用他們委身愛主的生命，激勵了支持他們的教會！

當我們有錢的出錢，有人的出人，一起在神的普世宣教上攜手合作時，神的宣教事工就能啟動，而所有參與在神宣教事工上的人都會因此得福！我們的神是天上地下萬物的主，祂能調兵遣

將，調動萬有地來完成祂的旨意。能事奉這位神，實在太令人興奮了！所以，撇下一切，順服祂的呼召去到祂要我去的地方，做祂要我做的事，根本算不上是犧牲，而是一件無比的榮幸啊！

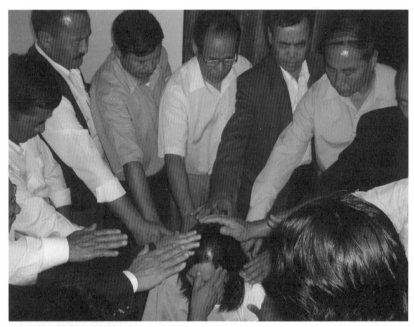

印度東北第一位宣教士的差派禮。

默想與討論

1. 你會等到所需要的錢都足夠時，才開始做神要你做的工嗎？為甚麼？

2. 當神呼召你做祂的事工（本地或跨文化），你會擔心財務供應嗎？這一章如何鼓勵你？

25

—

你願意回去幫助我那些
正走向死亡的孩子嗎？

在印度東北席隆服事了六年之後，SIM 東亞區同意給我們一年的安息年。我們便在 2014 年回台灣，感謝神及母會的弟兄姊妹的幫助，讓我們找到房子，也找到合適頌恩就讀的英文學校。雖然有不同的挑戰，但頌恩還能適應也喜歡他的學校。他終於找到那些跟他很像的宣教士子女，可以一起學習，做朋友。我們也重新適應台灣的生活，有些休息。我也去看了身心科，拿藥吃，希望恢復在許多壓力下透支的體力。

在安息年的下半年，華才開始跟我和頌恩說：「我覺得安息年結束後，我們可以把 SIM 印度東北辦事處留給現在的代理主任夫婦，他們可以勝任了。我們要不要回賽哈的家鄉？我希望在我

六十五歲退休前能在宗派的辦公室服事。」

其實，華才的族群馬拉族在美國及澳洲的教會，都在邀請我們去他們那裡牧會，華才也收到一些神學院的邀請，請他去教書。頌恩聽到是在美國及澳洲的教會，都說他想去。SIM 台灣辦公室也邀請我們要不要留在台灣服事，頌恩覺得留在台灣也很好。但是他不要回賽哈。我也很害怕回賽哈，心想：「如果在席隆（不是馬拉族的城市）我都有那麼大的文化衝擊及適應問題，賽哈是馬拉族的縣府，那豈不真的活不下去了嗎？」更何況當地的青年及青少年有很多的吸毒及酗酒問題（當地是禁酒的），抽菸、吃檳榔更是普遍。1997 年底，我們結婚後回賽哈，在只有二萬人口的鎮上，我們在三個月內就聽到至少二十位年輕人死於毒品過量。我們回去的話，頌恩正要開始青春期，很容易受朋友影響的年紀，一定會迷失在這些菸酒毒品中的！即將進入十三歲的頌恩回賽哈的話，失去原有的朋友、換新的學校、新的地方、跟新的人住、聽不懂語言，他要如何適應呢？對蒙召的成人宣教士進入新的工場都很困難了，對青少年的他要怎麼存活下去呢？這些都是我的夢魘！

但華才要回賽哈的心意很堅定，他要我好好禱告。我求神幫助我，給我幾個印證：第一是 SIM 的領袖需要同意，第二是頌恩需要同意，第三是我心中要有平安。華才問了 SIM 東亞區的領袖，他們不太願意但還是同意了。有一天，頌恩放學回家，我們又問他要不要回賽哈，他居然說：「好啊！反正父母在哪裡，那裡就是我的家！」哇！現在只剩下我這一關了！越想到要回去賽

哈，我就越害怕。有一天，神問我：「你在怕甚麼？」我回答：
「我怕我會失去我的孩子！」神回答我：「我愛你的孩子，但我也
愛在賽哈縣許多正在走向死亡的孩子們。你願意回去幫助我那些
正在走向死亡的孩子們嗎？」我實在很羞愧，跟神認罪，因為我
只愛我自己的孩子，卻看不到那些受毒品酒精捆綁，正走向死亡
的年輕人也是神所愛、所寶貴的孩子們。神繼續問我：「你覺得
甚麼才是對你的孩子最好的呢？難道是舒適的生活環境嗎？難道
是最好的學校嗎？不是的！對你的孩子最好的是，讓他看見他的
父母願意付上任何代價地順服神的旨意！」知道神的話是對的，
所以我只好順服了。

　　於是我們在 2015 年初回到賽哈鎮。順服神的旨意不代表會
一帆風順，萬事如意。頌恩只能就讀不會讓學生留級的學校，雖
然八年級時他上的是所謂的英文學校，但是授課都是用米佐拉姆
邦的官方語言米佐語，頌恩都聽不懂。他的課程中有英文、印地
語、米佐語，還有馬拉語。一次要學三種新的語言，除了英文
（英文課也是用米佐語上的）以外，他都不懂，實在不知道他要
怎麼學？而且英文的發音和米佐語及馬拉語（都是用羅馬拼音法
寫的）的發音都不同，很容易混淆。每天早上要他去上學，都像
在打仗一樣，我們之間的對話通常是這樣的：

媽媽：「頌恩，要去上學了！」

頌恩：「我不要去上學！」

媽媽：「為甚麼不要去上學？」

頌恩：「因為我都聽不懂他們在講甚麼！」

媽媽：「你再多去幾次，慢慢就會聽懂了。」

頌恩：「同學很多在吸毒，也有在喝私釀酒的。」（因為
政府禁酒。）

媽媽：「這就是為甚麼神呼召我們回來這裡啊！我們得
幫助他們！」（我得完整的重述神當初如何呼召
我們回賽哈的。）

頌恩：「神呼召你們，祂又沒有呼召我！」

媽嗎：「因為你還未成年，所以神呼召我們是全家一
起的。」

當說不過媽媽時，頌恩會使出最後一招：「我肚子痛！」所
以一年之中他大概有三四成的時候是在「肚子痛」。有幾次，他
甚至把行李打包了，對我說：「買一張機票給我，我要回台灣！
台灣不行的話，我回席隆（那裡的學校是用英語授課的）也可
以。」他實在受不了因為語言不通，上課聽不懂，也很難交朋
友。對一個十三歲活潑的孩子，實在太辛苦了！所以當他哭的時
候，我也常跟著哭。我能做的只有天天為他禱告，且盡量向他表
達愛。他放學回家時，第一個找的人就是媽媽，如果媽媽在的
話，他就放心地出去玩了。所以我盡可能的在他放學回家的時間
待在家裡，也幫他準備一些他喜歡的點心。

漸漸地，開始有一些鄰居的小朋友會和他玩，也會來我們家
玩。因為他很有創意，可以想出許多好玩的遊戲。比如：在高大
的樹上綁一條長繩，然後像泰山一樣拉著繩子末端繞著樹盪，或
是帶著小朋友到小溪澗的集水處，教他們用保麗龍板學游泳等。

有時候他會玩到讓我們找不到人！他儼然成了我們那個小社區的孩子王！過了約十個月之後，有一天他放學回家跟我說：「媽媽，回賽哈真好，這裡有好多小朋友可以一起玩。在台灣時，放學後都找不到朋友可以一起玩。」

但是，鄰居家長們開始半開玩笑地說，他們孩子的母語（馬拉語）都變差了。問他們為甚麼呢？孩子們說：「我們若不這樣說，頌恩會聽不懂。」所以他們一邊玩，頌恩一邊學馬拉語，但是為了讓他懂他們的意思，他們得用簡單又文法不對的母語跟他說話。但最後頌恩還是把爸爸的語言學會了，這是華才回賽哈最想要看到的成果，就是他的兒子及太太會講馬拉語。雖然頌恩十三歲那年的成績是僅僅過關而已，但是沒關係！因為「學習」是一輩子的事啊。隔年進入九年級時，他的學校就換到真正用英語（雖然是印度各種有趣的英語，因為老師是印度不同邦來的）授課的學校，他就沒有再用「肚子痛」的理由逃課了。

最近，跟頌恩聊天時，他特別提到：「基督徒不應該每天只是講聖經，一板一眼的，無聊極了！我們應該要享受上帝創造的世界，學會喜樂的生活，而不是一天到晚苦哈哈地服事神！」想想也是，神的確要我們「享受祂」，當然也包括祂所創造的一切！若基督徒只會服事，而不會喜樂地生活的話，大概很難吸引人願意信靠主，特別是這世代的年輕人。我跟他談起自己以前上大學時，也是一樣很喜歡玩。我跟著花社上山，跟著服務隊到鄉下，去秀姑巒溪泛舟等。頌恩一歲跟我們到非洲以後，因為沒有甚麼玩具，所以我想辦法跟他到建築工地找工人用剩下丟棄的木

頭、空的油漆罐等陪他玩，才知道自己很有創意！他也天不怕地不怕的拉著我去跟蠍子玩、去抓蛇，或追二英尺長的大型爬蟲類。玩滾輪胎時，兩歲的他還自己衝進比成人高的草叢裡去找輪胎。後來到了肯亞和南非，就找很多卡通錄影帶跟他一起播來看，我小時候從來沒看過那些迪士尼的卡通！他突然說：「原來我這麼有創意是跟你學的！現在暑假工讀的英文學校裡一位老師問我：『你怎麼可以想出這麼多點子，跟孩子一起玩呢？』」我跟他開玩笑地抱怨說：「你小時候，媽媽都陪你玩。現在你長大了，媽媽老了，你應該陪媽媽玩，教媽媽怎麼玩！為甚麼小孩長大以後都不陪父母玩呢？只顧自己跟朋友玩。」想想實在好笑，成年的孩子要跟年老的父母玩甚麼呢！不過他倒也幫我現在的生活引進了一些休閒活動：比如看韓劇、在 YouTube 看喜劇、看電影、騎腳踏車到八里或淡水、一起做 YouTube 視頻等。有孩子真好！可以把自己小時候沒有玩過的，跟著孩子一起玩。也可以重新過一次人生，學習享受上帝，不只是服事上帝（工作）！

　　看著孩子跟著我們一個國家換到另一個國家，一個地方換到另一個地方，每次的適應都很不容易。但是當父母確定並順服了神的呼召，不管多艱難，都讓孩子看到我們在跟隨神，沒有怨言地願意在神所要我們在的地方事奉，至終孩子的心會定下來的。他們的語言學習能力及適應力是超過我們所能想像的。所以父母信靠主，穩住心了，孩子的心就能穩住了。用一個開放的心，有創意地跟孩子探究所在的工場有甚麼寶藏，可以激發孩子的創造力。就像頌恩小時候在非洲，後來到印度東北，雖然資源

有限，環境不容易，但反而讓他可以很自由地到處探索。特別是在賽哈的時候，他可以盡情地和小朋友在山裡到處跑來跑去，到處尋寶，享受神的大自然！造就了他自由、奔放、豪爽、有創意的性格！

長大的頌恩與同學。

賽哈的青年團契一景。

默想與討論

1. 你有認識的人（或你自己）在酗酒、使用毒品、單親家庭背景、離婚、性別取向和你不同的嗎？

2. 有甚麼會攔阻你幫助他們呢？你要如何克服這些攔阻？

3. 你覺得甚麼才是對你的孩子（或你）最好的呢？這一章給你甚麼鼓勵？

26

為何不送他去
國際學校唸書？

當我們回印度東北的席隆事奉時，頌恩才六歲，所以我們
讓他就讀住家附近的英文學校（在席隆的所有學校都是用英文教
學）。但是，當我們回賽哈事奉時，當地的學校多數是用當地母
語的米佐語教學，華才說：「要不要讓他去別的邦上國際學校？」
我並不同意，因為他才十三歲，正值青少年期，若不在父母身邊
的話，很容易受到同儕的影響。加上國際學校的學生都是外國人
或印度的有錢人，我不希望頌恩在那樣的環境中成長。如果我們
送他去國際學校，他的堂兄弟姊妹和表兄弟們卻上一般當地的學
校，這樣在神面前是對的嗎？我希望他能上我們家附近的學校，
能明白世界上三分之二的孩子的生活及教育環境。我也希望這樣

做可以給印度東北的宣教士一個榜樣！雖然頌恩剛開始在賽哈的適應很辛苦，但是不到一年的時間，他就學會華才的母語，開始有朋友也很開心。隔年轉到用英文（各樣口音的印度英文）教學的學校讀九年級，所以上學也沒甚麼大問題。

印度的學校非常重視成績，升學的壓力很大，沒有甚麼課外活動。在山區的城鎮很難找到足球場或籃球場，所以我們得到堂兄的許可，把我們住家旁邊（他的土地，是山地）削平，用沙包疊起來保護周圍不崩塌，作為籃球場。除了頌恩、家裡的孩子和我以外，也請了幾個年輕人幫忙，一起花了好幾天削平山坡，然後我們自己釘籃球板，再把它釘在大樹幹上。之後搬到宗派的總幹事宿舍，就在前院再釘一個籃球架，讓頌恩和鄰居的朋友玩。因為總幹事的宿舍很大，我們就自己做了一個桌球桌，一起上漆。下雨天不能打籃球時，頌恩、家裡的其他孩子和鄰居朋友可以打桌球。我們希望可以看到頌恩和甚麼樣的孩子做朋友，所以用各樣方式歡迎他們到我們家玩。也希望透過這些休閒運動認識當地的年輕人，按神的方式引導他們。後來我和姪兒幫助總幹事宿舍牧區的教會開始做青少年團契，這些設備就都派上用場，頌恩也能參與青少團契，因為姪兒都用生動活潑的方式帶領青少年團契，頌恩很喜歡。

十年級聯考放榜之後，我們考慮要把頌恩送到甚麼學校就讀，華才又提了要不要讓頌恩去念國際學校。但我還是基於上述理由而不同意，最後送他去印度東北那加蘭邦的基督教學校念十一和十二年級，他可以住校。我們希望在基督教學校上學，可

以對他的信仰有所幫助。我們卻不知道那加蘭邦的毒品和酒精問題也一樣嚴重，連頌恩的學校宿舍裡都有很多學生在吸毒和喝酒，後來聽頌恩講在學校發生的這些事，實在令我擔心。但是經過不斷禱告，還是讓他繼續在那裡上學。後來因為他舉報宿舍的同學吸毒（因為舍監告訴他，若他看到同學吸毒時能告訴舍監的話，舍監才能輔導他們，所以頌恩好心希望藉此幫助他的同學。），而被宿舍的學長、同學、班上同學等霸凌，讓他不敢去上課或去吃飯，只躲在宿舍房間裡，但他們還會到他的房間繼續用言語霸凌他。我們得知之後，馬上叫他先搭夜車到席隆的姑姑家去避一避。我們也請差會住在頌恩學校附近的當地理事，幫忙處理學校的問題，但是我們真的很擔心頌恩的心理創傷。

那時華才問他要不要轉回賽哈就學，或者到我們邦的省府就學。我則跟他說：「你所舉報的學生被勒令搬離宿舍，那不是你的錯。你是為他們好才舉報的，但因舍監處理不當，讓你受苦了！現在不管你決定到哪裡就學，我都會尊重你。但你若問我的意見，我會希望你回到原來的學校繼續上學。因為如果你離開了，將來不管你遇到甚麼難處，都會輕易地選擇逃離。你若願意好好地回去面對你的困難，神會幫助你的！」感謝主，後來他決定回原來的學校繼續上學。有一次我跟他回台灣，他在我的母會分享時說：「那時候被霸凌，非常受傷及害怕。但我還是選擇回那個學校繼續上學，我希望用一個宣教士的態度回去面對他們，不逃避困難。」神也幫助他，被他舉報的其中一位同學（頌恩的好朋友），雖然從此要每天從家裡通車上學卻沒有對頌恩生氣，

還繼續和他做好朋友。而學校也告誡學生們，校方不容忍校園霸凌事件再發生，所以這件事就和平落幕了。那位同學的父母也是宣教士，在那事件之後對頌恩感到很抱歉，後來還常請頌恩去他們家吃飯，至今那位同學還是他的好朋友。

　　宣教士子女的教育選擇並不容易，是宣教士父母很大的掛慮。有一次在肯亞時，我問一位西方宣教士：「請問你的孩子上的那個學校，學費需要多少呢？」他跟我說：「你不需要知道，因為你們是付不起的。」他也許是好意，不想讓我知道價錢以後很難過，但是光那句話就很讓我受傷。有時候，在母國也會聽到弟兄姊妹說：「為甚麼宣教士子女需要那麼高的學費？為甚麼他們需要到美國上大學？」我很不想被這樣子批評，加上上述的理由，我堅持頌恩要上我們所在工場的當地學校，只要能用英文教學即可。在肯亞時，他就讀的是住家附近的托兒所；在印度東北時，從幼稚園到十年級，他也是去我們住家附近的學校，十一和十二年級則到那加蘭邦的當地基督教學校就學；回到台灣事奉時，就選擇中華大學商業管理系，因為那個科系是全英文教學（他無法用中文聽課），而那個大學又可以獨立招生（因為他拿台灣身分證卻無法參加大學的入學考試）。

　　我不知道我對孩子教育的選擇是不是最好的，但我相信學習是一生的事。孩子上甚麼學校的差別都不大，但他從父母的生命中所學到的人生哲學和信心才是更重要的。我希望他能知道：他的表兄弟和堂兄弟姊妹也跟他一樣是神所寶貴的，所以我們應該過簡樸的生活，好幫助他們也能受教育，我們對待他和他們必須

是一樣的，我們不能把他送去昂貴的國際學校，而讓他們就讀當地便宜的學校。最近（在台灣），我問他：「你後不後悔我們沒有送你去更好的國際學校，而讓你就讀一般的當地學校？你覺得你和表兄弟和堂兄弟姊妹們同樣就讀一般的當地學校，是不是對的決定？」他回答說：「只要是用英文教學的學校都無所謂，我當然應該和我的表兄弟和堂兄弟姊妹們有同等待遇！」聽了他這番話讓我很欣慰，也知道他真的能夠和他們認同，而不覺得自己比他們高一等。這正是我希望在他生命中看到的！

默想與討論

1. 你對你孩子（或你自己）的教育期望是甚麼？這一章對你
   有何鼓勵？

2. 你從學校畢業後，有繼續在學習嗎？你有甚麼終生學習計
   畫，執行情況如何？

27

戒毒中心

　　我當初同意回賽哈事奉，主要是因為對吸毒酗酒的年青人有負擔，覺得他們也是神所愛的，卻正在走向沒有盼望的死亡。所以當我們在 2015 年回到賽哈時，就著手開始寫「戒毒中心」的計畫，希望 SIM 可以和當地的宗派合作，建立一個像晨曦會一樣的福音戒毒中心。我們到處尋找合適的地點，最後華才的宗派選了一塊山地作戒毒中心的用地，離賽哈鎮約一小時的山路車程。當差會同意我們的計畫，便與教會簽了合作協議書。我們也從我們的支持費儲備金裡挪出一些經費，作為建設戒毒中心的基金，宗派則邀請各地方堂會奉獻財力、物力及人力。從砍伐竹林，按地勢剷平山地到開始蓋房子等，大家都非常盡心竭力。董事會也成立了，我則代表差會成為其中的一位董事。

　　終於，大部分基本的設施都建好了，於是在 2018 年中旬開始接收第一批要戒毒和戒酒的弟兄。但是出於種種的原因，使戒毒中心缺乏紀律及果效，後來那些弟兄一個個都離開戒毒中心了。董事會認為這樣的情況不應該再繼續下去，當時華才正擔任宗派的總幹事，也希望好好整頓戒毒中心。於是董事會邀請我成為戒毒中心的主任，我則是誠惶誠恐，我沒有經驗，實在不知道如何帶領這樣的事工。但想到那些沾染毒品及酒精而正走向死亡的年輕人，最後還是同意接手了。

　　2018 年底，我和頌恩回台灣一個月時，透過台北信友堂陳長老的引薦，讓我們有機會拜訪了晨曦會的一些工作據點，也請教他們要如何進行這樣的事工。回到賽哈之後，我做了一些同工訓練，然後就在 2019 年二月開始接收想要戒毒或戒酒的弟兄。我參考晨曦會的做法，讓剛進來的弟兄住在新人房，但是我的同工都不是過來人，也沒有在戒毒中心服事的經驗，且都沒有神學訓練，實在很難切實地按照晨曦會的樣式去做。

　　我期望戒毒中心的同工：能一星期有五天住在戒毒中心，（我自己則是一星期六天），要準時，能以身作則，能和弟兄們一起分班做飯，也一起做勞動服務，（我們有很大一片山地需要整理，可以種植蔬菜和果樹）；不抽菸也不吃檳榔等。我要求同工和弟兄們做的，我自己也做。但是同工們對我在戒毒中心的服事理念不能認同，我對同工們的要求不合他們的心意，他們也無法戒掉抽菸和吃檳榔的習慣，所以同工們和我之間的張力越來越大。華才的宗派也派了幾個實習傳道來幫忙一陣子，但是也無濟

於事。華才也常常到戒毒中心，鼓勵同工和弟兄們，但是我還是得扛下大多數的責任。最後看到同工們實在無法做到我的要求，就只好大多數的事都親力親為了！

我和弟兄們及一些同工一起去竹林砍竹子，我們自己做雞舍養雞也自己種香蕉樹和蔬菜。政府給我們一個綠屋，我們開始把好的土從戒毒中心的其他地方，一袋一袋的背到綠屋（我只扛半袋，還是得求神賜我力量走每一步），整地除掉石頭及雜草，然後播種。因為旱季的時候缺水很嚴重，我們便買了水管，從鐵皮屋頂接雨水，再輸送到蓄水槽，蓄水槽漏水時，我們自己買石頭、沙子、水泥等來修理。所以除了早上一堂、下午一堂的聖經課和晚上的晚崇拜之外，我們花很多時間一起把戒毒中心整頓得更好，也讓弟兄們學習農事、養雞、竹藝、水電、水泥工作等。我每天早上五、六點起床到晚上十點上床，有時候會有些弟兄鬧事或逃跑，有時候有弟兄會威脅要傷害我的性命，弟兄之間會有人際關係的問題，同工和弟兄之間也會有問題，這些都讓我身心靈俱疲，當問題很多、壓力大時我就會胃痛或頭暈，似乎只要我容許便隨時可以倒下去，我只能每天靠著意志力繼續撐下去。

因為戒毒中心規定不能抽菸及吃檳榔，讓弟兄們很受不了，這是他們每一個人都有的習慣，所以開始有弟兄逃跑。我們於是開始建立較堅固的圍牆，以前只是用竹籬笆，無法阻止他們逃跑，後來建了較堅固的圍牆仍無法阻止他們逃跑，最後董事會決定取消這個規定。這實在讓我很灰心。加上有許多毀謗我們的傳言，例如：「華才真是不知羞恥，居然讓自己的太太當戒毒中心

的主任。」他們的意思是：這主任的位置可以貪污很多錢。但他們卻不知道，我是用我們的事工費在支持這個中心的運作。（我已經忘記了其他的毀謗言語，因為我已經都饒恕他們了。感謝主，讓我不再記得那些傷人的話。）本想辭職算了，但是董事會慰留了我。又做了幾個月後，發現我經營戒毒中心的理念和我的上司及同工差異很大，所以就決定離開戒毒中心了。當時 SIM 東亞區的主任希望和我們所合作的教會一起正式討論這個問題，但我和華才覺得多談無益，就請他作罷了。

　　那是一段很令我傷心的旅程，但在我回台灣之後，神也讓我看見我所犯的錯誤及同工之間的問題。我和華才（特別是我）實在太不了解當地教會的光景，也不清楚同工的狀況。我以為同工們都像我一樣，願意委身服事這些弟兄！我在弟兄們生命中所建立的一點點正面的影響都被他們給摧毀了。如果沒有合神心意的同工團隊，如何進行這個艱難的福音戒毒事工呢？我跟神認我所犯的錯及罪，也一個一個饒恕那些毀謗陷害我的人。我學了我該學的功課，然後就只能把他們交給神了。

　　唯一讓我得安慰的是一位戒酒的弟兄，他很有意願要戒酒，自己在家時，嘗試戒酒幾次都失敗了。2018 年也進了戒毒中心，但因上述的戒毒中心的問題而離開。當 2019 年初我們重新開始接收弟兄進來時，他是第一位自願來戒酒的，可以看出他想戒酒的決心。所以我在戒毒中心時，很想栽培他，希望讓他成為將來的同工，卻引起同工們的反彈，所以我辭掉戒毒中心的事奉時，他也和我一起離開戒毒中心。雖然不在戒毒中心了，我還是繼續

不斷地關心他、幫助他。他一直都持守自己不再碰酒,感謝主,至今他都不再酗酒了。他開始工作也照顧自己的兩個女兒。我待他就像自己的弟弟一樣,我要回台灣之前,把他託付給華才,請他繼續關懷這位弟兄。華才也很關心他,不斷鼓勵他。願神幫助他不再走回頭路,並且能成為其他沉迷於毒品和酒精的人的祝福!

在賽哈的期間對我和華才都很不容易,我們按著神的正道而行,凡事為教會的好處著想,但是卻受到一些人的毀謗中傷,使我們非常灰心挫折。我們常常彼此鼓勵:「正是因為教會這樣的光景,神才要我們回來的。如果教會一切都沒問題,合神的心意,很復興,神就不需要我們回來了!」我們只能不斷地為教會禱告,求神施恩憐憫祂的教會!

俯瞰戒毒村的全貌。

默想與討論

1. 當你建立起來的事業或事工被摧毀時，你會如何面對？

2. 有甚麼會攔阻你去饒恕那些傷害你的人？除了饒恕，你還有其他方法能給你自己平安嗎？

28

為何要回台灣事奉？

2020 年要不要回到台灣事奉，對我而言是很難的決定。雖然 SIM 東亞區及台灣區的領袖和華才都要我回來台灣，但拖了一年，我卻一直無法做決定。

一方面，我擔心前文提到的那位戒酒的弟兄（我把他當弟弟一樣看待的那位）能不能把持得住，不再走回頭路。我求神給我印證，如果他可以和第二任妻子復合，我就願意回台灣。我心想至少他的前妻可以幫助他，不再走回頭路吧！但是經過幾番的探訪，他的前妻和她的家人絲毫沒有要原諒他的意思。最後我放棄了。心想，她實在也不是重生的基督徒，怎麼可能原諒他呢？（他當初實在犯下了讓人覺得不可原諒的罪啊！）又怎麼能再次的接納他並幫助他站立起來呢？最後，我跟他說：「我當初請你

在神面前發誓，為了你的二個女兒，除了前妻（二個女兒的媽媽）以外，不會再娶其他妻子。我現在把你從這誓言中釋放了，因為我看她是不會和你復合了。」他給我的答案很讓我驚訝，他說：「我早就知道她不會想復合的。」

我以為我知道甚麼才是對他最好，甚麼才行得通。但是他卻看事及人比我看得還清楚。我只能跟他道歉，也求神赦免我的驕傲。其實我對他及他們的情況及文化，甚麼都不清楚，卻還以為自己知道如何幫助他們。我真的很無知，也在無知及驕傲中犯了許多錯誤，求神憐憫。

當華才覺得我應該回台灣 SIM 辦公室服事，而我不願意時，他要我去好好禱告。當我禱告時，神問我：「你在怕甚麼？」我怕的是：我們回台灣的話，我們會失去兒子頌恩。我怕他會流失在台灣的世俗主義，享樂主義裡。但神告訴我：「他是我的孩子，我會照顧他的！」另一方面，我已經離開台灣太久了，認識的人已經不多了，更不用說教會領袖。如果我回去接手台灣辦公室，我要如何做動員呢？我也不知道如何作領袖，我做不來。我不像華才那樣，我沒有領袖的恩賜。但華才一直鼓勵我，說我可以做到，神會幫助我的。

神把我的擔憂都除去了，加上各個相關的領袖和華才都認為我應該回台灣，接手 SIM 台灣辦公室，所以我就順服了！我跟神說：「祢知道我身心靈剩下的力氣不多了，但我願意順服祢，我願意把我殘餘的生命再次奉獻給祢用，祢愛怎麼用就怎麼用吧！我不知道怎麼領導，怎麼與教會連結，請祢自己來做吧！」

2020 年新冠疫情期間，許多國家採取「鎖國政策」來防疫。所以就算要回台灣，也無法幫華才及頌恩辦簽證，連國際航班也沒有。但是就在九月底我完全臣服於神，願意順服祂的旨意之後，國際航班就開了。雖然要先往西飛到杜拜再往東飛到台灣，時間要花兩倍，機票價格也是二倍，但至少可以買機票了。而簽證也開放了一些新規定，允許親屬的簽證。所以就在十月中我們一家前往新德里，辦理一切簽證及頌恩學校證書的公證事宜等，終於在十一月上旬我和頌恩能先回台灣了。

那三個星期我們借住在新德里華才的一個親戚家，他們一家四口用一個房間，我們一家三口用一個小房間，一個小小的客廳，一間只能有一個人工作的廚房。我見識到華才在新德里的族人好客的熱忱及他們適應的能力。十來坪的房子住了他們和我們共七個人，加上新冠疫情，大家大多數的時間都是在家中。他們沒有一句怨言，熱心款待我們，唯恐我們感到不適，款待客人之道，實在令我佩服！也讓我對以前我好客部分的缺失感到很慚愧！有一天，當地牧師的家庭突然來訪，他們剛從印度東北的家鄉，坐了三十多小時的火車抵達新德里。抵達後，馬上到我們的主人家拿東西。嚇得我們不知如何是好，因為當時疫情相當嚴峻，而坐了三十多小時的火車極可能染疫。他們離開後，只見女主人把牧師孩子們在房間玩的時候碰過的床單等，全部丟棄再全家環境消毒。我才知道他們對疫情有多麼警戒！因為她的先生在當年六月確診住院過，而他們全家都得要被隔離。所以現在就非常小心謹慎！

　　新冠疫情不只影響到旅行也深深影響到人心。但卻沒有讓他們好客的心冷卻，也沒辦法讓神的旨意和計畫被攔阻。神的時間到了的時候，被疫情封鎖的國家大門可以打開，國際航班雖然要繞很遠，但是也可以連接起來讓我們到達目的地。會攔阻神旨意的其實只是我們的不順服而已！求神幫助我們願意甘心地信靠及順服這位掌管萬有的神！

曾經，在我看不到任何出路和盼望、
來到我的盡頭時，
神的奇妙工作就在生命展開。
帶我經歷「拔出、拆毀、毀壞、傾覆，
又要建立、栽植」，直到如今
仍在學習信靠與順服。

默想與討論

1. 有甚麼擔憂攔阻你順服神對你的旨意或呼召？

2. 你曾經歷過「當你順服神時，門就開了（攔阻就除去了）」？

29

你是外國人嗎？

　　每一次述職都會有一些學習或「驚喜」，當我在工場時，台灣及我的母會都有許多改變。每一次回來都要花一些時間適應，可是每一次回來的時間都很短暫（除了 2014 年的安息年和 2020 年底調職回來以外）。好不容易重新適應了台灣的生活又要回工場了。

　　有一次回台灣述職（在有捷運之前），我必須搭公車到一個地方分享，上車時問司機：「請問車票多少錢？」他白了我一眼說：「你是外國人嗎？連公車票多少錢都不知道！」我突然覺得自己真像是一個外國人啊！有捷運之後，第一次坐捷運時很緊張，連如何刷卡都不知道！另一次回台述職的一個晚上，聽到垃圾車來了，趕緊拿著垃圾去倒，卻被環保局的人上了一課：「小

姐，我們今天不收這類垃圾，我們星期一只收……，星期二只收……你需要買專用垃圾袋……」我聽了一頭霧水，甚麼都聽不懂，哇！心想：「現在要在台灣倒垃圾還真難啊！」

1996 年離開台灣的時候好像還沒有超市，述職回來時去超市發現好累人喔！那時候在蘇丹沒有超市，我們要買甚麼就到巷口的雜貨店，他們店裡陳列的商品一眼就看完了，沒甚麼選擇。只有一種油、一種肥皂、一種米、幾樣雜糧和餅乾之類的，購物又快又容易，只要講出我需要的東西或指一指我要的商品就行。回台灣時發現，超市裡有各種商品，琳瑯滿目，肥皂、牙膏、洗髮精等，連米也是，每種東西都有好多品牌和選擇，買東西實在太累了，要買個飲料，服務員會問我：「糖要多少？正常、半糖、少糖、還是去糖？要不要去冰？……」問得我不知道怎麼回答，因為聽都聽不懂！在蘇丹時，標準的泡茶和咖啡的方式是：先放半杯糖（小小的杯子），把茶或咖啡加進杯子，再隨便攪和幾下，甚麼都不必問，店家或女主人怎麼泡，我們就怎麼喝。

當我在 1996 年離開台灣去蘇丹宣教時，還沒有手機這種東西。後來手機面世之後，有一次我們回台灣述職，有一位好心人借我們一支手機，以方便連繫。有一天我們去台北榮總看醫生，當我進去診療室時，手機留在手提袋裡由華才照管。當手機響的時候，華才不知道怎麼接電話，只好拿出手機，對著手機說：「哈囉！哈囉！」但是手機還是一直響，他覺得所有在等候室的人都在看他，他實在很想鑽入地洞裡去！等我看完診出來之後，

他很生氣地對我說：「你為甚麼不告訴我手機怎麼用？」我無可奈何地回答他：「因為我也不知道怎麼用啊！」

許多弟兄姊妹很愛我們，我們回台灣時會請我們去餐廳吃飯。看著歐式自助餐各式各樣的沙拉、甜點，加上主菜，實在好豐盛！但吃的時候，雖然感謝請客的愛心，我卻常常心裡難過。想到的是在工場那些民不聊生的百姓，特別是在蘇丹的難民，一天只有一餐可吃。若有貴客來，他們才會買一點肉加在馬鈴薯裡一起煮，通常只有貴客（比如宣教士）才可以吃到肉。主人會把肉挑出來先放在貴客面前，免得被其他人拿去吃了。由於長期內戰的緣故，在蘇丹首都有許多從南部逃來的難民，而當中很多是教會的會友，這是因為 SIM 一開始的事工是在蘇丹南部。難民的生活非常艱苦，很難繼續奉獻養活牧師，所以差會補助生活費給這些從南部逃到首都的牧師，也因此牧師家可能是唯一有穩定薪水的家庭。牧師家經常有許多人來借住、吃飯的時候，男人先吃，剩下的才由女人和孩子吃。看過這樣的景況，因此回台灣述職時，一想到那些營養不良的婦女和兒童，實在讓我對擺在面前的豐盛佳餚難以吞嚥，也覺得有罪惡感。

在工場，有時候會想家，特別是在有困難的時候或年節的時候。但是回到台灣又想念工場，想念工場那邊的人，甚至他們的飲食。頌恩開始學吃飯時，我們是在非洲。他五個月大就跟我們到南非，然後快週歲時到迦納，在迦納的主食是樹薯（yam）、大芭蕉（plantain，要水煮或烤過才能吃）、木薯（cassava）、玉米

等。在肯亞則吃印度餅（chapati）和玉米粉做的糕。在南非時，我們住在白人區的大學城，所以主食是麵包。頌恩去上幼稚園，也跟著小朋友學吃麵包。早上吃麵包，在學校的點心也是麵包，放學回家後，問他想吃甚麼，答案還是麵包！在這些國家，米飯都不是主食。2007年底頌恩快六歲時，我們從非洲回到印度東北賽哈，早上吃米飯，傍晚還是吃米飯（那裡一天只吃二餐），過了約一星期，他跟我說：「媽媽，我已經吃夠米飯了，有沒有別的可以吃呢？」有一天我回到家，家人告訴我，有人送了半條他們自己做的吐司給我們，我問吐司在哪裡？他們說：「頌恩自己一個人一口氣全吃光了。」他實在想念麵包啊！

不僅是食衣住行有差異，台灣也一直在各方面不斷進步，而我對台灣的印象還是像「上次離開時」一樣。感謝許多弟兄姊妹對我們的關愛及照顧，對我們的適應有許多幫助。但是不管在哪裡，都開始有一種「我是外國人，我不屬於這裡」的感覺。我已經不再是百分之百的台灣人，我的價值觀、世界觀都因著在不同工場的學習、經驗及歷練而有所改變。我在各方面也不可能完全像工場的人，或像華才家鄉的人。所以，不管身在何處，都有一種「在家卻不太像家」的失落感。感謝神提醒我，其實不管哪裡都不是我真正的家，我真正的家在天父那裡。我想這是當宣教士的其中一個好處，就是能更深切地體會聖經中的這個真理，更容易明白我們是屬於天國的子民，不是屬於這世界的！

默想與討論

1. 你曾經覺得自己身在某些地方時,像是一個外國人嗎?請分享你的經歷。

2. 在你自己的家鄉,你曾經覺得自己像外國人嗎?請分享你的經歷。

3. 這一章給你甚麼鼓勵?

30

這世界非我家

　　我們結婚時，神很恩待我們。1997 年底在台灣的婚禮後有婚宴，回到印度東北後，按當地習俗他們幫我找了一個娘家，也辦了一個婚宴。1998 年五月回到蘇丹時，宣教士同工們和當地的朋友又幫我們辦了慶祝會！我們只有一次的婚禮，但卻有三次的慶祝婚筵！有一位七十多歲的加拿大籍宣教士，送給我們一整套她所寶貝的瓷器餐具，我實在不知如何收下這份大禮，但是盛情難卻就只好收下了！

　　但是到 2000 年底我們要述職時，麻煩就來了，因為不知道怎麼處理這份禮物。我們所有的家具都是二手貨，可以送給其他有需要的宣教士及當地的弟兄姊妹。我們的二手車賣了三千美金，也直接把錢給了當地的神學院作圖書館經費。但是這套瓷器

餐具怎麼辦呢？因為太漂亮，太好了，我都不敢用。問了把餐具送給我們的宣教士，她也不願意收回去，最後只好送給其他宣教士了！

2003年初到了迦納，因為不知道能待多久，怕當初離開蘇丹之前，要善後困難的事會重演，所以一切從簡。只用學校宿舍有的簡單家具，需要買的只有餐桌椅，就買最便宜的塑膠桌椅。真的不到二年後又要換國家了！所以，就把不能裝在行李箱的東西通通送給神學院的學生了。

2004年八月轉換工場到肯亞時，換了幾個地方住，有一段時間住在辦公室的樓上。當時因為支持費不夠，我們的薪資不能跟著肯亞生活水平調高。但感謝主，SIM肯亞要清理倉庫，所以我們便宜買下了他們想要丟棄的一套木製客廳座椅及茶几。但還是另外去買了必要的二手洗衣機和一些基本的電器用品。過了兩年半，又因述職要離開肯亞，這次要處理掉的電器有幾樣，也只能再便宜賣給宣教士或送當地人。

2008年初回到了印度東北，華才喜歡做木工，就開始自己釘床、書桌、餐桌、茶几、書櫃等。凡是他可以自己做的，工作壓力大時，就當作是紓壓來做。他也喜歡買書，他說：「我們以後不會再搬家了，就讓我買我喜歡的書吧！」之前在工場時買過的書，離開前都送給工場的神學院了。我相信了他的話，就讓他又開始買書了！結果我的生日禮物、結婚紀念日等收到的禮物都是他想買的書！要回到賽哈事奉時，把書都運回去了！他又繼續買書，但馬拉族神學院建立時，非常缺書，他就把書都捐給神學院了！

在非洲我們買車也都買二手車，反正賣的時候只能便宜賣給其他宣教士。回到印度東北時，很難買到二手車，就買最便宜又實用的車（可以載最多人的）。有一次，我們開 SIM 印度東北的理事會議時，一位理事的司機問華才：「你是 SIM 印度東北辦事處的主任，開這種便宜的車不會覺得沒面子嗎？」華才回答他：「車子的功能只是作運輸用，便宜的和貴的都能達到這目的，我買便宜的車是在幫神的國省錢，把省下的錢用在真正對神國有好處的事工，這不是更好嘛！」那位司機回答說：「唉！如果所有的教會領袖都能有你這樣的理念，那就真是好啊！」

過了這樣二十多年四處搬遷的經歷，我終於學會了聖經所教導的一個真理：我是天國的子民，這世界不是我的家，我在世上只是客旅，是寄居的！（彼前 2:11）如果轉換工場時能帶的就只限於行李箱能裝滿的，而且也不知道在一個國家能待多久，我們搬遷時所留下的東西都要送給當地人或賤賣給其他宣教士，那我就只買絕對的必需品，或要走的時候送人不會心疼的家具。絕大多數時候，我們都得把東西送給當地人，因為宣教士賣東西給當地人實在不好！到了印度東北服事後買車，但是當要回台灣時，是連車子都要送人的！

我們是委身奉獻給神的人，神叫我們走，我們就得走。所以生活實在需要過得越簡樸越好！華才有個優點：就是有人送他衣服的話，他看到有需要的人就會轉送出去。他經常裝滿行李箱到印度東北的鄉下出差，返回家時的行李箱幾乎是空的。我也跟他學習，儘量讓衣櫃有進有出。從小穿姊姊或親戚穿不下的二手

衣,很習慣也很喜歡。小時候看著姊姊身上穿的衣服,總覺得很漂亮,就想著到明年的時候,那就會是我的了,便開心地等待著。因此到工場時也就只買二手衣,又便宜又好,因為都是進口的慈善衣服!後來在印度東北要撫養及教育許多親戚送來的孩子,也多數是買二手衣,因為要對待他們要像對頌恩一樣。到二手衣市場買衣服(在印度的二手衣都是從韓國或日本來的,有些二手衣的標籤還在呢!),常讓我很高興,只要花一千盧比(約四百元台幣)就可以買十幾件衣服,還可以討價還價。孩子們能拿到「新衣服」,都很快樂,何樂不為!

記得在蘇丹時,有一個宣教士家庭花了很多錢訂製豪華的家具,但因為先生突然生了嚴重的病,不得不馬上回國。家具送到時,他們已經離開了,後來因健康的緣故也不能再回蘇丹了。所以得拜託其他宣教士幫忙處理掉他們的新家具,實在可惜。有一個宣教士家庭在蘇丹事奉了四十年之後,要退休回國,所要處理的東西實在太多了,翻開櫃子還有從來沒用過的床單等。他們花了幾個月才完全處理掉四十年累積下來的東西!我想,像我們這樣,每幾年就換國家,所以每幾年就要大清倉一次,其實也很不錯!這可能是神要讓我們學習:「生活中不要留下太多不必要的累贅」。

初回印度東北時,華才問我:「如果我們要長期在印度東北服事,要不要買房子?這樣可以省下房租費。」我禱告,又想了想:「誰知道甚麼時候神又要我們搬遷呢?如果買了房子,到時候神就很難叫得動我們了,房子會成為我們順服神的負擔!」所

以決定算了，不要再想買房子的事了。但是要回賽哈事奉時，華才說：「我們若回去賽哈事奉，會沒有地方住，我們就蓋一個房子吧！」所以，就按當地的方式，在堂哥送我們的一塊土地上，蓋了一個一樓半的木板鐵皮屋。加上地下儲水槽，一共花了台幣三十多萬。華才好像有在賽哈退休養老的計畫了，花了很多心思和錢設計及建造，真是辛苦他了！但是「人心多有計謀，惟有耶和華的籌算才能立定。」（箴言 19:21）到了 2020 年，神又要我們搬回台灣事奉，所以就把房子給小姑家住了，也讓她照顧婆婆，後來又有許多親戚來住。我們回台灣之後，我的屬靈母親諸師母卻讓我們住她精心設計布置的房子。我們所需用的都有，不知道怎麼使用的也有！神的恩典實在太豐盛了！

所以，還是不要為自己圖謀大事！一生奉獻給神的人，把心思專一地放在追求神的國和神的義上，我們一切需用的，祂都知道也會供應。所以我們家一直以來的人生哲學是：「用敬虔的心過簡樸的生活」。因為這世界不是我們的家，我們離世去見主面時，世上的東西一樣也帶不走的。沒有「過簡樸生活」的態度，很容易會被世務纏身，讓主叫不動我們的！

默想與討論

1. 你是否正在這短暫的世界建立你自己的國度？

2. 「你真正的家在天上」，給你甚麼樣的鼓勵及提醒？這一章給你甚麼提醒？

31

我還是會選擇同樣的路

有一位參加母會馬利亞團契的姊妹對我說：「我每次唱到詩歌《一粒麥子》時，就會想到你，想到你受那麼多的苦時，就會哭。」而她們的輔導卻對我說：「我告訴馬利亞團契的姊妹們：『你們為甚麼想到麗娟就會哭？我告訴你們，神要我們計算代價，你們都不會計算才會這樣。我們每個人最想要的就是愛和尊重，而麗娟雖然經歷了那麼困難的宣教歷程，最後卻得到了我們這麼多人的愛和尊重，這不是最好的嗎？這樣計算才是正確的！』你看我這樣說對不對？」她說得實在很對，主耶穌要我們要愛祂勝過自己和所有的人事物，背起十字架跟隨祂，當我們順服祂的話這樣做時，至終是對我們最好的。如果當初我沒有跟隨神走以下的路：順服神的呼召去宣教、跟華才結婚、回到印度東

191

北事奉、把自己的生命完全交給祂、讓祂做拆毀及重建的工作；我今天就無法經歷主耶穌所應許的自由、喜樂及豐盛的生命，也無法有榮幸參與在神普世宣教的大計畫中，並且見證神奇妙偉大的工作！

如果神讓我可以再重新做一次選擇，我還是會選擇同樣的路：跟隨祂，順服祂的呼召，去到祂要我去的地方，做祂要我做的事。離開我的本地、本族、父家，離開我的舒適圈的宣教旅程，這是一條非常有挑戰性，卻非常令人興奮的旅程。它讓我可以在極度的孤單、覺得沒有人了解我、沒有人能幫助我、甚至絕望想死的時候，逼著我只能緊緊地抓住神，只能賴著神。最後神成為我最好的朋友、我的幫助者、我生命的改變者……乃至我的一切。

有人問我：「你常說，『神對我說：……』請問這些話出自聖經的哪裡呢？」當神對我說話時，有時候是用聖經的話語提醒我，有時候是按我當時的需要，用合乎聖經真理的話，在我的心裡用那微小的聲音，慈祥地責備我、安慰我。因為，除了祂以外，在世上我還有誰呢？而我也需要學習聆聽並順服祂那微小的聲音，當我一再地拒絕聖靈在我心裡的憂傷及提醒，繼續頑梗地按我的罪性行的話，神就會大聲的、令我難堪的，透過我的先生、兒子、或其他人對我說話！

我還不完全，還在學習認識神，學習與神同行，學習聽祂的聲音，學習順服祂，學習用十字架的眼光看自己及別人，學習用神無條件的愛接納自己和別人，學習再給自己一次機會，也再給

別人一次機會，學習信任別人像主耶穌信任我一樣。我常常想：「如果我是神的話，我一定早就把麗娟這樣的人給放棄了。神為何對我這樣有耐心呢？神的恩典及慈愛實在太浩大了！」就像保羅在提摩太前書一章 15-16 節說的：「『基督耶穌降世，為要拯救罪人。』這話是可信的，是十分可佩服的。在罪人中我是個罪魁。然而，我蒙了憐憫，是因耶穌基督要在我這罪魁身上顯明他一切的忍耐，給後來信他得永生的人作榜樣。」

　　所以，神如果連我這樣驕傲、頑梗、不順服的罪人都能拯救，都願意使用，神也願意拯救你、使用你，來榮耀祂。我仔細想想，我其實沒有甚麼長處，真的要找的話大概只有一樣長處：那就是當我非常清楚是神的旨意以後，就算要打落牙齒和血吞，也要順服地走下去，就算死也要死在神要我在的地方。如果神清楚地呼召我到一個地方事奉，若祂沒有很清楚地要我離開，不管再怎麼困難，我也要堅持待下去，要不然神就不是我的「主」了。難怪我媽媽跟教會的探訪隊說：「麗娟很傻，她只要認定一條路是對的，就會一直走下去！」我媽媽真是了解我啊！也許神就是在找這樣的傻子吧！你願意為神成為一個傻子嗎？你願意被這位創造你、為你死在十字架上、又復活的萬主之主萬王之王使用嗎？歡迎你加入「為主顛狂」（林後 5:13）的行列！願神使用你，使你經歷祂所應許的豐盛生命，並且使你成為萬民的祝福！

默想與討論

1. 你怎樣評估你這一生，你覺得你是贏家（成功）還是輸家（失敗）？

2. 你對你的一生有沒有甚麼後悔？如果你可以重新活一次，你會做甚麼不同的選擇？

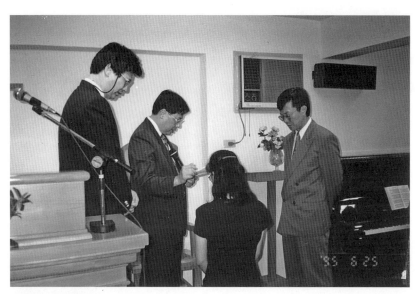

宣教士差派禮。

受差派,十分喜樂。

後記

有你真好

　　有一位宣教士在工場事奉一段年日後，因新冠疫情回到台灣。她禱告並思考前面的事奉道路時，她希望以後能在神學院做宣教教育，以培育宣教士並幫助牧者有宣教的負擔。她在準備申請學校及英文檢定考試時，也一邊在台灣做差會的宣教動員。但是因為申請學校不太順利及英文考試的成績一直不盡如人意，使她遲遲無法出國進修。在台灣待了兩年之後，她需要跟支持的教會說明她的未來計畫，但因為上述原因使她不知道如何說明。後來她的一個支持教會打電話給她，直接跟她說：「因為你現在不在工場，所以我們決定不再支持你。如果以後你回工場，再跟我們說，我們再討論要不要支持你。」

　　她覺得很難過，因為覺得宣教士好像商品一樣被對待，教會只有宣教士在工場服事時才支持她，一旦宣教士無法回到工場服事就被丟棄了，好像變得像無用的商品一樣。她覺得沒有被當作「人」一樣被對待、被關懷或陪伴。她也覺得很羞恥，好像達不到教會對宣教士的期望，代禱信也因為上述的不確定而不知道要寫甚麼。她對自己的能力懷疑，覺得是因為自己以前不用功，加上資質不好才無法順利申請到學校。我安慰鼓勵她：「我們過去的一切，包括好的與不好的，破碎的與罪惡的，神都知道也赦免了。我們只需要把過去的一切都交在祂手裡，祂都可以使用我們的經歷來榮耀祂的名。祂揀選軟弱的、無用的、卑賤的，來榮耀祂自己。因為這樣的人願意謙卑來到祂面前倚靠祂，願意讓祂作主引導。反而是優秀能幹的很難被神用，因為驕傲及倚靠自己（就像我一樣），很難面對失敗及挫折。主耶穌在十字架上已經為我們受了一切的羞辱，就不要再覺得羞愧了！」

　　我繼續跟她說：「我也是這樣跌跌撞撞地走過來的，犯了許多錯誤，被許多不合神心意的態度及觀念捆綁，但是神不止息的愛和憐憫不斷幫助我，我才能繼續走神的道路。我沒有比你好，我們都需要神。我們不需要為自己的能力不足感到抱歉，神能使用我們的能力不足來接觸並造就其他人！」她跟我說：「有你真好，因為知道你了解我的心境，你的鼓勵給我很多的幫助，謝謝你回到台灣來陪伴我們！」

　　當我傾聽她的心聲，一方面替她難過，一方面為台灣的教會憂心。我們的神呼召工人，祂所最在意的也是工人，祂要我們愛

人（宣教士）如同自己。祂在每一個宣教士的生命中都有美好的計畫，但是我們用有限的眼光看不清現在祂在這個工人的生命中做甚麼，祂將來要怎樣使用這位停滯不前的工人。每一個宣教士都需要被了解、被關心、被陪伴，才能用信心繼續走神要他們走的道路。如果教會能像對待自己的孩子一樣來陪伴宣教士，我相信許多的宣教士都能活出神在他們身上的計畫，並成為許多人的祝福。請不要把宣教士當作商品，不要把宣教的重點只放在金錢上面。宣教是在做人的工作（包括宣教士和工場的人），而不只是教會預算上的一項而已。宣教士也有迷茫的時候，也會犯錯。他們需要被了解、被關心、被陪伴、被鼓勵，才能繼續跟隨主耶穌的心意，每天跌跌撞撞地跟隨這位愛我們的主，讓祂在生命中做更新改變的工作，讓祂在每一位的生命中的計畫成就，並完成祂天國的大計畫，至終榮耀祂的名！

　　願神從台灣興起更多合神心意的宣教士，也興起更多有神的國度眼光的教會，來培育、幫助、鼓勵及陪伴這些神所呼召的宣教士，讓神在他們生命中的計畫及透過他們的生命所要成就的事都能成就！

默想與討論

1. 你怎樣看待回國後，無法再回工場的宣教士？

2. 你可以怎樣關懷陪伴你們教會的宣教士？

SIM **台灣區通訊地址**：106 台北市郵政 13-281 號

電話：0971-701165（主任：謝麗娟）

電郵：taiwansim@gmail.com

網站：https://simtaiwan.org/ ; https://www.sim.org

奉獻：郵局劃撥帳號 1978 9423

戶名：中華基督教國際事工差會

或中國信託公館分行，帳號：3475 4010 5827。

❖若是第一次匯款至中國信託帳號者，請通知吳弟兄：

　手機 0930-741395 或**電郵**：ipeng803@gmail.com

❖請註明是為哪一位宣教士奉獻，用途是支持費、事工費、宣教士子女教育費、或個人禮金、或是印度東北宣教士補助計畫（編號：90943）。

一雙為祢而走的腳——
一位宣教士生命更新改變的歷程

作　　者：謝麗娟
出 版 者：中華基督教國際事工差會
　　　　　SIM 台灣區通訊地址：106 台北市郵政 13-281 號
　　　　　電話：0971–701165（主任：謝麗娟）
　　　　　電郵：taiwansim@gmail.com
　　　　　網站：https://simtaiwan.org/
　　　　　https://www.sim.org

美術設計：伍于美
承 印 者：橄欖印務部
行政院新聞局登記證局版台業字第 2600 號
出版時間：2023 年 5 月初版一刷
年　　份：28　27　26　25　24　23
刷　　次：08　07　06　05　04　03　　　　　　　　　版權所有

國家圖書館預行編目 (CIP) 資料

一雙為祢而走的腳：一位宣教士生命更新改變的
歷程 / 謝麗娟作 . -- 初版 . -- 臺北市 : 中華基督教國際
事工差會 , 2023.05
　面 ；　公分
ISBN 978-986-80361-1-6(平裝)

1.CST: 基督徒 2.CST: 教牧學

245.6　　　　　　　　　　　　　　112002705